2. Auflage 2020
Umschlaggestaltung: Bunda S. Watermeier, www.watermeier.net

www.innenwelt-verlag.de

Druck: CPI books, Leck
Printed in Germany
ISBN 978-3-942502-88-7

THOMAS GESSNER

WIE
UND WAS WIR ALLES
WIR
AUS LIEBE TUN
LIEBEN
ODER VERMEIDEN

innenwelt verlag

Inhalt

Von der Liebe

Du kannst sie nicht beschreiben.
Sie beschreibt dich.
Du kannst sie nicht verstehen.
Sie versteht dich.
Du kannst sie nicht machen.
Sie macht dich.
Du kannst sie nicht töten.
Sie tötet dich.
Du kannst sie nicht beleben.
Sie belebt dich.
Du kannst sie nicht fesseln.
Sie fesselt dich.
Du kannst sie nicht denken.
Sie denkt dich.
Du kannst sie nicht retten.
Sie rettet dich.
Du kannst sie nicht halten.
Sie hält dich.
Du kannst sie nicht befreien.
Sie befreit dich.
Du kannst sie nicht gestalten.
Sie gestaltet dich.

Die Liebe ist alles, was es gibt.

Vorbemerkung

Wie die meisten Menschen nehme ich die Liebe wahr, indem ich sie fühle. Wie sollte ich sie im Alltag auch anders bemerken können. Ich „fühle“ es, wenn ich jemanden liebe oder wenn jemand mich liebt. So dachte ich jedenfalls lange.

Die Aufstellungsarbeit hat mein Bild der Liebe verändert und erweitert. Staunend begann ich zu sehen, wie wir in dem Gefühl von Liebe nur einen winzigen Ausschnitt dessen spüren, was wir tatsächlich alles aus Liebe tun oder auch vermeiden. Das betrifft sowohl unsere Partner, Kinder, Geschwister, Eltern, Großeltern, Freunde als auch uns selbst. Der größte Teil der Liebe vollzieht sich unterhalb der Wahrnehmungsschwelle.

Im vorliegenden Buch nähern wir uns diesem unbewussten Teil, oder anders gesagt, den Innenseiten der Liebe. Damit öffnet sich eine Welt, die über das, was wir fühlen können, weit hinausreicht. Wir sehen, wie unbewusste Liebe das Leben aus einer inneren Notwendigkeit heraus gestaltet, wie und auf welche Weise sie in uns wirkt und wie sie unser Fühlen, Denken und Handeln erst hervorbringt. Darüber hinaus sehen wir, wie unser Leben sich entspannen und erleichtern kann, wenn wir beginnen wahrzunehmen, was wir alles aus Liebe getan oder vermieden haben.

Was ich hier schreibe, kommt aus dem, was ich in vielen Aufstellungen sehen durfte. Ich schaue dabei gemeinsam mit den

Menschen, die bei mir Rat suchen oder die Aufstellungsarbeit lernen wollen, auf die Innenseite ihres Lebens. Mir fällt vor allem auf:

. Im inneren Leben eines Menschen gibt es keine Schuldigen. Nichts von dem, was uns zu Handlungen, Gefühlen oder Gedanken bringt, was uns „versagen" oder „erfolgreich sein" lässt, ist falsch.

. Das Leben meiner Klientinnen und Klienten spiegelt auch mein Leben, und zwar in genau dem Aspekt, der sie zu mir geführt hat.

. In allen Konflikten, Symptomen oder Krisen begegnet mir ein innerer Antrieb, der aus der Liebe kommt, genauer, der selbst Liebe ist.

Wenn wir menschliche Krisen, Symptome und Konflikte in der Tiefe anschauen, begegnen wir unbewusster Liebe und ihren Echos. Sie verlangen nach Würdigung, nicht nach Beurteilung. Den oft beklagten „menschlichen Makel" gibt es nicht. Er ist nichts anderes als ein Ausdruck unbewusster Liebe. Ich frage daher: „Wie liebt ein Mensch? Wie verändert sich die Art und Weise des Liebens im Laufe eines Menschenlebens? Was macht die fortwährende Wandlung der Liebe mit unserem inneren Erleben, also mit dem Verhältnis zu uns selbst, zu anderen Menschen und zur Welt? In anderen Worten: Was macht die Liebe mit unserem Bewusstsein?"

Ich kenne keine wirksamere Unterstützung für Menschen, die ihren Leiden entwachsen wollen, als ihre unbewusste Liebe darin zu würdigen und mit ihr zusammenzuarbeiten. In einem jahrzehntelangen erbarmungslosen Kampf mit mir selbst hatte ich darunter gelitten, dass sich meine sogenannten „Muster“, also Denk-, Fühl- und Handlungsweisen, die ich als hinderlich, störend, schmerzhaft oder auch katastrophal empfand, nicht besiegen ließen. Dasselbe fiel mir bei den Menschen auf, mit denen ich als Seelsorger im Pfarramt zu tun hatte. Ich fand einen Widerstand, der jede Bemühung ins Leere gehen lässt, jede Intervention verdampft, jede Therapie unterläuft. Mit Hilfe meiner Arbeit verstand ich allmählich, dass es dabei nicht um Unwilligkeit, sondern um die Abwendung von innerer Lebensgefahr geht. Die Leute sind ja nicht blöd. Ich konnte den Zusammenhang ihrer Konflikte, Symptome und Krisen mit unbewusster Lebensgefahr nur undeutlich fühlen, aber nicht klar benennen.

Dann kam die Aufstellungsarbeit. Bert Hellinger[1] hatte in den Phänomenen des menschlichen Miteinanders etwas gesehen, das er „Ordnungen der Liebe“ nannte. Er schaute beim Aufstellen darauf, wo ein Mensch im Verborgenen liebt. Wenn diese Liebe gesehen und gewürdigt wird, bewegt sich etwas Richtung einer Entspannung oder Lösung. Ich kann das bestätigen, ich erlebe es jeden Tag.

Mein Lehrer Wilfried Nelles führte die Aufstellungsarbeit weiter: vom systemischen Schauen auf problematische Beziehungen hin

1. Bert Hellinger hatte verschiedene etablierte Therapieformen in der Aufstellungsarbeit zusammengeführt und sie in den 80ger und 90ger Jahren des letzten Jahrhunderts als das Familienstellen bekanntgemacht. Siehe als grundlegendes Dokument seiner Anfänge: Weber, Zweierlei Glück. Hellinger ist in den 2000er Jahren dann hart kritisiert worden. Ich arbeite anders als er, aber natürlich wäre auch meine Aufstellungsarbeit ohne seine Entdeckungen nicht möglich. Präzise Differenzierungen zur Kritik an Hellinger finden Sie in: Nelles: Die Hellinger-Kontroverse.

zum existentiellen Schauen auf sich selbst. Aus seinem Bewusstseinsmodell vom Leben in Stufen[2] entwickelte er die Aufstellungsarbeit mit dem *Lebensintegrationsprozess* (LIP). In dem, was sich in dieser gegenwartsorientierten Perspektive auf das Leben, die Seele und die Psychologie zu zeigen beginnt, sehen wir etwas von der „Sehnsucht des Lebens nach sich selbst".[3]

Vor einigen Jahren entdeckte ich bei der Arbeit in der Nelles-Sommerakademie, dass es Liebe ist, welche die „Muster", also unsere Denk-, Fühl- und Handlungsweisen im Innersten erzeugt und am Leben erhält. Ich konnte plötzlich sehen, wie unbewusste Liebe die Stufen unseres Bewusstseins hervorbringt, gestaltet, ausstattet, limitiert und ineinander übergehen lässt. Ich begriff, dass unbewusste Liebe nicht nur die Art und Weise entwickelt, wie wir uns, die anderen und die Welt erleben, sondern umgekehrt auch mit Hilfe von Bewusstseinsstufen ihre eigene Gestalt immer neu findet.

Natürlicherweise steht Wilfried Nelles' Bewusstseinsmodell Pate für dieses Buch. Es liefert eine grundlegende Perspektive darauf, wie das Leben uns bewegt. Ich bin Wilfried Nelles zutiefst dankbar für die Freiheit, die er jedem einräumt, der sich ernsthaft auf diese Perspektive einlässt. Und ich freue mich von Herzen an seiner Freundschaft und an der gemeinsamen Arbeit. Die Art und Weise, auf das Leben zu schauen, welche er mit seinem Bewusstseinsmodell vertritt, steht nach meinem Eindruck erst am Anfang ihrer Möglichkeiten. Sie öffnet die Tür zu einer zeitgemäßen „Psychologie des Gegenwärtigen".

2. *Wilfried Nelles: Das Leben hat keinen Rückwärtsgang.*

3. *Wilfried Nelles, Thomas Geßner: Die Sehnsucht des Lebens nach sich selbst.*

Mein Buch hat drei Teile. Die ersten beiden Teile „Damals“ und „Jetzt“ beschreiben je eine Seite der Liebe. Der dritte Teil, „Echos“, untersucht, wie beide Pole der Liebe heute in uns zusammenkommen. Der eine Pol der Liebe bezieht sich auf jede Umgebung, von der wir uns einmal als abhängig erlebt haben. Ich beschreibe ihre Wirkungen in der Zeit des Ungeborenen im Mutterleib, in der Zeit der Kindheit und in der Pubertät. Die „abhängige Liebe“ gehört zu unserem „Damals“. Man kann das „Damals“ erst sehen, wenn man wahrgenommen hat, dass es vorbei ist.

Der andere Pol der Liebe bezieht sich auf unsere innere Lebendigkeit. Von ihr, der „Selbstliebe“, schreibe ich im zweiten Teil. Wenn sie das Zepter übernimmt, wird man innerlich frei, also erwachsen. Sie öffnet uns für die unmittelbare Gegenwart, für das „Jetzt“. Ich beschreibe ihre Wirkungen in den Lebensstufen des Erwachsenseins, der Reife und des Alters. Auf den Tod, das Ende unseres Daseins, schauen wir dann als Spiegel, Begrenzung und Projektionsfläche.

Im dritten Teil, „Echos“, zeige ich an einigen typischen Vorgängen, wie wir belastende Umstände unserer Vergangenheit mit Hilfe ihrer inneren „Echos“ gegenwärtig aufrecht erhalten. Wir folgen darin dem Sicherheitsbedürfnis der abhängigen Liebe im „Damals“. Gleichzeitig vermeiden wir damit das Leben im „Jetzt“. Ich beschreibe, was dabei körperlich, emotional und gedanklich passiert. Wir können uns dem „Jetzt“, also unserer inneren Lebendigkeit, öffnen, indem wir unsere „Echos“ von damals als solche erkennen und sogar lieben lernen.

Die Schlussbetrachtung versucht, erste Umrisse einer Psychologie der Gegenwärtigkeit zu zeichnen. Ich lege dabei keine geschlossene Theorie vor (das wäre auch nicht möglich), sondern ich nehme die Perspektive der Gegenwart ein und schaue, wie weit ich von da aus sehen kann.

Natürlich begrenzt die Liebe jeden Versuch, über sie zu schreiben dadurch, dass sie sich den Wörtern entzieht. Sie reicht weit über die Sprache hinaus. Aber, wie soll ich sagen, ich sehe sie einfach. Die Liebe lässt mich nicht in Ruhe. Immerzu kommt sie, in dem, was in mir selbst stattfindet, in dem, was mir meine Kinder zeigen, in dem, was meine Liebste tut, in dem, wie meine Freunde sind, und nicht zuletzt in dem, was mir meine Klientinnen und Klienten bringen. Sie öffnet mir eine gelassenere und freiere Sicht auf das Leben, so wie es mir gegeben ist, mich selbst nicht ausgenommen.

Dieses Buch kann Sie darin unterstützen, sich mit dem eigenen Leben zu entspannen, in der Folge auch mit „den Anderen" und mit „der Welt". Ebenso lässt es sich lesen als Anregung und Herausforderung für die Haltung in der professionellen Begleitung von Menschen. Alle Beispielgeschichten sind entweder sorgfältig anonymisiert, von den darin Erwähnten freundlich genehmigt oder in öffentlichen Medien zugänglich.

Ich danke den vielen unterschiedlichen Menschen, die mir als Klientinnen und Klienten, als Lernende, als Kolleginnen, Kollegen und als Veranstalter ihr Vertrauen schenken. Dies ist nicht selbstverständlich, ich darf sehen und lernen. Ich danke meiner Frau und Kollegin Melanie für zahllose Anregungen zu diesem Buch und für ihre Geduld mit einem schreibenden Mann. Ich danke meinen Freunden und Kollegen Dr. Torsten Kastner und Coen Aalders für ihre Unterstützung beim Korrekturlesen.

Ein Hinweis zur Lektüre: Im Alltag bewegen wir uns abwechselnd in mehreren Sprachwelten. Die juristische, politische, philosophische, journalistische und die alltägliche Sprache haben jeweils ihren eigenen Bereich, in dem sie etwas aussagen. Der eine Bereich ist nicht ohne weiteres in den anderen übertragbar. Im Folgenden versuche ich, mit Wörtern die Bewegungen unseres inneren Lebens, also der Seele, zu bezeichnen. Dabei kommt die Sprache immer wieder mit eigentlich Unsagbarem in Berührung. Je näher wir des Pudels Kern kommen, um so weniger richten die Wörter aus. Sie werden zu bloßen Zeigern, nicht zu verwechseln mit dem Geheimnis, auf das sie verweisen.

Viel Freude beim Lesen!

I. Teil

„Damals“

Morgens im Bad begegnet mir ein mittelalter Mann mit wenig Haupthaar und einem überraschend grauen Bart. So sehe ich im Spiegel aus. Das war einmal anders. Es gibt ein Foto von mir, da bin ich ungefähr fünf Jahre alt. Ich sitze neben meiner Mutter am Küchentisch und schnippele eifrig Bohnen. Gewisse Unterschiede zwischen jetzt und damals finde ich unübersehbar.

Wenn Sie in den Spiegel schauen, geschieht Ihnen im Grunde das Gleiche: Sie stehen jemandem gegenüber, den Sie nicht selbst gemacht haben. Wir können uns nur entgegennehmen, so wie wir eben im Laufe des Lebens geworden sind. Die gute Nachricht ist: Wir sind genau richtig so. Das Leben macht keine Fehler. Die schlechte Nachricht hat denselben Wortlaut. An sich ist das Leben nicht persönlich gemeint. Es geschieht einfach.[4] Es hat uns jeweils hervorgebracht als eine seiner unendlich vielen Formen. Diese Lebensform schaut uns nun morgens aus dem Spiegel heraus an.

Im ersten Teil dieses Buches geht es darum, wie uns das Leben in seiner Bewegung mitgenommen hat, wo wir uns dagegen gewehrt haben, welche wesentlichen inneren und äußeren Vorgänge uns also zu dem Menschen gemacht haben, der oder die wir nun sind. Wir schauen dazu vom gegenwärtigen Moment aus zurück auf unsere Zeit im Mutterleib, auf die Kindheit und auf die Jugend. Sie haben den großen Vorteil, dass sie vorbei sind. Sie kommen nicht wieder, sie können uns nicht mehr schrecken. Sie haben daneben auch den großen Nachteil, dass sie vorbei sind. Sie kommen nie wieder, wir können also nichts mehr daran ändern.

4. Siehe Wilfried Nelles' neues Buch: Das Leben geschieht.

In jedem von uns, in jeder Frau, jedem Mann, bleiben die vergangenen Lebensstufen und die zu ihnen gehörende Art des Liebens aktiv. Wir bestehen ja aus ihnen. Da gibt es einen Jugendlichen, ein Kind, ein Ungeborenes. Alles, was diese „früheren Ichs“ von uns einmal erlebt, gedacht, gefühlt, gespürt, getan oder gelassen haben, ist heute noch in uns lebendig. Das „Damals“ lebt in unserem Innern weiter. Oft ist das wunderbar, es liefert ja die Grundlagen unseres inneren wie äußeren Lebens.

Zuweilen jedoch bestimmen die „früheren Ichs“ der Vergangenheit unser Denken, unser Verhalten, unser Empfinden, gar unser Körpergefühl in einer Weise, die die aktuelle Gegenwart empfindlich stört oder auch zerstört. Sie übernehmen einfach das Steuerrad, ohne zu fragen. Wir spüren es daran, dass wir am Leben leiden, dass Beziehungen nicht gelingen, Symptome sich entwickeln, Krisen endlos werden.

Was machen sie da, unsere früheren Ichs? Was wollen sie und was versuchen sie zu vermeiden? Wo haben ihre Eindrücke und ihr Verhalten einmal Sinn ergeben? Oder: Wie lieben sie? Welche „Ordnungen der Liebe“ gelten für ein Ungeborenes, welche für das Kind, welche für die Jugendlichen?

Ich bin nicht daran interessiert, irgendwelche Ordnungen oder Regeln zu verkünden. Das wäre sinnlos. Liebe hält sich nicht an Ordnungen, sie ist die Ordnung. Ich beschreibe daher, wie die Liebe als gestaltende Kraft in den jeweiligen Lebensstufen wirkt und dabei gleichzeitig selbst ihre jeweilige Gestalt findet.

Wenn man tiefer hinschaut, findet man in jedem einzelnen Geschehen am Ende nichts als die eine Liebe. Jedoch scheint die Liebe in sich selber eine Polarität zu sein, eine Kraft mit zwei

Polen. Sie enthält die Spannung zwischen Überleben und Wachsen, außen und innen, Materie und Geist, Formlosem und Form. Wenn wir nun schauen, wie wir lieben und wie sich Liebe und Bewusstsein von Anfang an gegenseitig erzeugen, sehen wir gleichzeitig, wie wir selbst uns mit den Polaritäten der Liebe bewegen, genauer, wie die Liebe uns bewegt.

Die eine Erscheinungsweise der Liebe erlebt sich als abhängig von ihrer Umgebung. Verbunden mit der daraus entstehenden Ohnmacht lebt sie unter dem Eindruck permanenter Lebensgefahr. Sie richtet sich daher völlig auf die Umgebung aus. Diese „abhängige Liebe" wirkt persönlich, auf Personen gerichtet.

Die andere Erscheinungsweise der Liebe reagiert gar nicht, auch nicht auf irgendeine Umgebung. Sie scheint selbst ein Agens zu sein. Von ihr geht immerzu etwas aus. Der Eindruck von Bedrohung oder gar Lebensgefahr ist ihr unbekannt. Diese „Selbstliebe" ist unpersönlich, also nicht auf eine bestimmte Person gerichtet. Abhängige Liebe und Selbstliebe entwickeln gemeinsam unser Bewusstsein in auseinander hervorgehenden Stufen[5]. Beide Erscheinungsweisen oder Polaritäten der Liebe beginnen im Moment der Zeugung eine Resonanz miteinander. Sie endet erst im Moment des Todes. Zwischen beiden Polaritäten der Liebe scheint sich unser Leben abzuspielen.

5. Wilfried Nelles: Das Leben hat keinen Rückwärtsgang. Hier finden Sie ein detailliertes Evolutionsmodell des menschlichen Bewusstseins in sieben Stufen.

1. Wie das Ungeborene liebt. Die körperliche Symbiose

> Vor vielen Jahren vertraute mir eine über achtzigjährige Dame ein Geheimnis an, als wir über Kinder sprachen: „Wissen Sie, meine Söhne sind groß, es gibt Enkel und Urenkel. Ich freue mich an ihnen. Aber es gibt eine schmerzvolle Sehnsucht, die nie ganz vergeht: Die Sehnsucht danach, die Kinder wieder in sich zu haben, ihre Bewegungen zu spüren, ungetrennt zu sein. Ich glaube, diese Sehnsucht teilen alle Mütter der Welt."

Ich habe das nie vergessen. Schauen wir uns an, wie es da drinnen aussieht, bei den Kindern im Mutterleib. Wir waren ja alle einmal dort. Das Folgende erschließe ich aus dem, was mir zahlreiche Stellvertretungen für ungeborene Kinder in der Aufstellungspraxis gezeigt haben.

Im Mutterleib entwickeln wir die erste Gestalt der abhängigen Liebe, indem wir beim Wachsen mit der Frau mitschwingen und alles aufnehmen, was in ihr geschieht, körperlich wie seelisch. Und umgekehrt: So wie wir mit ihr mitschwingen, entwickelt die abhängige Liebe uns. Im Austausch von Nährstoffen und Stoffwechselabfällen nehmen wir all das von dem Frauenkörper, was wir zum Herausbilden von Organen, Knochen, Haut und Haaren brauchen. Das geschieht von allein. Gleichzeitig stellen wir uns von Anfang an darauf ein, unsere Wirtin nicht zu überfordern oder gar zu gefährden. Denn: Wir können nicht weg. Stirbt die Frau, sterben wir mit ihr. Gerät die haltende und nährende Umgebung in Gefahr, dann auch wir, solange wir in ihr leben und noch ungeboren sind. Das ungeborene Kind richtet sich daher darauf aus, auch energetisch Kontakt zur umgebenden Mutter zu finden. Falls einer Frau die Bombennächte im Krieg noch in den Gliedern stecken, wird das Ungeborene sie genau dort antreffen und sich mit ihr „in den Keller begeben". Falls eine Frau sich innerlich entspannt und sicher fühlt, trifft das Ungeborene sie eben dort an. Es entspannt sich selbst. Es bildet nicht nur seine körperliche, sondern auch seine psychische Gestalt in abhängiger Resonanz mit der Umgebung namens „Mutter".

Alles, was wir im Mutterleib in abhängiger Resonanz mitbekommen, sind wir in dem Maße, wie es in uns hineinwächst. Wir sind der verkörperte Stoffwechsel mit der Mutter. Wir sind die fleischgewordene Anpassungsleistung an die mütterliche Umgebung. Wir sind die Verkörperung der Lebensgeschichten unserer Eltern und deren Familien. Wir sind abhängige Liebe in Form eines kleinen Menschen aus Fleisch und Blut.

Man kann ein Ungeborenes natürlich nicht fragen: „Wie ergeht es dir gerade da drinnen?" Erst Jahrzehnte später, wenn der zeitliche Sicherheitsabstand groß genug ist, scheint unser Körpergedächtnis seine Inhalte offenlegen zu können. Dann erst kann sich zeigen, was das Ungeborene damals getan hatte, um seine Umgebung „Mutter" zu stützen.

> Das Gefühl, irgendwo zuhause zu sein im Sinne von Heimat, Haus und Eigentum, ist mir nahezu unbekannt. Ich bin oft umgezogen, es gab und gibt Orte, wo ich sehr gerne lebe, aber wirklich zuhause angekommen bin ich letzten Endes dann bei mir selbst, sozusagen in meinem Herzen. Ein Stellvertreter für mich als ungeborenes Kind sagte einmal vor vielen Jahren in einer Aufstellung: „Ich weiß nicht, ob ich hier richtig bin."

Damit sprach er genau das aus, was ich lange als Lebensfrage mit mir herumtrug. Meine Mutter hatte als Kind die Flucht vor dem Kriegsgeschehen überlebt. „Ich weiß nicht, ob ich hier richtig bin“, benennt den natürlichen und notwendigen Orientierungsversuch von Flüchtlingen in der Fremde.

Ich hatte mich mit der Mutter identifiziert, genauer gesagt, mit ihrer kindlichen Erinnerung an die Schrecken der Flucht. Ich habe dann einfach für sie weitergefragt. Diese Verwechslung erscheint unausweichlich, denn die neunmonatige *Sym-biose* (griechisch für „zusammen leben“) in demselben Organismus führt dazu, dass mindestens der abhängige Teil, also das Ungeborene, nicht unterscheiden kann: „Bin ich's, oder ist es meine Umgebung, die so fühlt?“ (sich etwa gehetzt, unsicher oder fremd fühlt, wie eben Flüchtlinge). Es weiß von keinem Unterschied zwischen sich und der warmen Mutterhöhle. Das Ungeborene spürt nur: „Gehetzt sein“, und baut diese innere Anspannung in seinen wachsenden Körper mit ein. Auf dem Wege dieser Anpassung hat sein Körper den Eindruck, sicherer da drinnen bleiben zu können, bis die Zeit der Geburt gekommen ist.

Etwas allgemeiner gesprochen: Jedes Ungeborene im Mutterleib trifft seine Eltern dort an, wo diese sich innerlich aufhalten. Es erreicht die Mutter unmittelbar über die körperliche Resonanz. Den Vater erreicht es mittelbar über die Resonanz zwischen den Elternteilen. Dies gilt auch, wenn er nicht da ist.

Wir Menschen bleiben innerlich oft am Ort eines tiefen Schmerzes oder einer großen Angst. Wir halten unbewusst daran fest, um künftig darauf eingestellt zu sein und also besser überleben zu können. Wenn unsere Eltern darin noch immer den eigenen Eltern folgen, also den Großeltern des Ungeborenen von damals, entsteht eine Kette des Schmerzes über mehrere Generationen. Ereignisse mit hoher Energie, wie etwa ein Krieg oder eine Naturkatastrophe, werden oft noch nach vielen Generationen von den ungeborenen Kindern erspürt und aufgenommen, um ihre Eltern zu entlasten. Das währt exakt so lange, bis jemand sich ein Herz fasst und hinschaut, sich also dem öffnet, was da im eigenen Inneren vor sich geht.

Keine Mutter und kein Vater haben Einfluss darauf, wo ihre Kinder innerlich andocken, womit sie in Resonanz gehen, wo ihre kindlich-abhängige Liebe einen Handlungs- und Anpassungsbedarf entdeckt. Sie sind daran unschuldig. Man kann seinen Kindern nichts Schweres „ersparen“ oder „vererben“. Wenn es auch äußerlich so aussehen sollte: Innerlich sind die Akteure dabei immer die Kinder bzw. ihre abhängige Liebe, nicht die Eltern.

In der abhängigen Liebe findet unser Überlebenstrieb seine Gestalt. Abhängige Liebe sagt zu ihrer Umgebung: „Für dich tue ich alles, egal was es mich kostet. Denn wenn es dir gut geht, bin ich sicher.“ Allgemeiner gesprochen: Abhängige Liebe kümmert sich um das Fortbestehen der Form. Sie ist jedoch nicht die einzige Kraft, die im Inneren der Mutter an uns wirkt.

> Als etwa achtjähriger Junge habe ich aus einfachen Legosteinen das detailgetreue Modell eines Überschallflugzeuges gebaut, einer russischen TU 144, etwa halb so lang wie ich selber. Einfach so. Niemand in meiner Umgebung verstand, was ich da machte, ich selber auch nicht. Es kam mir ganz natürlich vor: Ich konnte innerlich empfinden, wie diese komplizierte Maschine aufgebaut war und baute sie einfach nach. Meine Eltern erkannten sich darin nicht wieder, aber sie ließen mich machen.

Auch an meinen Kindern entdecke ich Eigenschaften, Fähigkeiten und Verhaltensweisen, die sie weder von ihrer Mutter noch von mir noch aus unseren jeweiligen Familien haben können. Da leuchtet etwas auf, was ich das „Selbst" nenne. Ich sehe darin eine jeweils einmalige Mitgift des Lebens an uns. Sie wird heute oft „Wesenskern" oder „Ruf des Lebens" oder „innere Vision" genannt, je nach sprachlichem Versuch, dieses eigentlich unfassbare Phänomen zu bezeichnen.

Der amerikanische Psychoanalytiker James Hillmann sagt dazu: Ein Kind „versucht zwei Leben gleichzeitig zu führen, das, *mit* dem es geboren, und jenes der Leute und Orte, *bei* denen es geboren wurde."[6] Das Leben, „mit" dem wir geboren werden, wohnt uns inne als ein „bestimmendes Bild"[7] dessen, wozu wir in der Welt da sind. Es äußert sich als unsere innere Lebendigkeit. Ich nenne es hier unser Selbst, denn es enthält unser ureigenstes Wesen, wie eine Eichel den ganzen Baum.[8]

Beim Werden im Mutterleib beziehen wir uns auf dieses Selbst als inneren Kristallisationsort. Das Selbst ist dabei kein physischer Ort, den man anatomisch darstellen könnte, sondern die Innenseite unseres Lebens.[9] Jedoch wirkt das Selbst sich aus, indem sein „bestimmendes Bild" von uns die Grundrichtung unserer körperlichen und psychischen Gestalt vorgibt. Die Beziehung zu unserem Selbst nenne ich „Selbstliebe". Sie spielt eine ebenso entscheidende Rolle in unserer Entwicklung, wie die abhängige Liebe, nur auf völlig andere Weise.

6. *Hillmann: Charakter und Bestimmung, S. 28.*

7. *Hillmann, ebenda, S. 26.*

8. *Zur „Eicheltheorie" Hillmanns siehe ebenda, S 15 ff.*

9. *Nelles: Alles ist Bewusstsein, S. 21.*

In der Gestalt der Selbstliebe erscheint unser Wachstumstrieb. Die Selbstliebe fühlt sich immer sicher. Sie kümmert sich nicht um's Überleben. Sie passt sich keiner Umgebung an, sie stützt niemanden, sie ist einfach. Sie ist da als der unaufhörliche Impuls, sich selbst zu vollziehen, zu entfalten und sich dabei wahrzunehmen. Dazu braucht sie die Form, also uns Menschen aus Fleisch und Blut. Selbstliebe tut nichts für ihre Umgebung, sie *tut* nie etwas, sie hat keinen Zweck. Sie *ist*, indem von ihr Leben ausgeht. Sie ist pure Freude und Lebendigkeit. Es gibt eigentlich kein Wort für sie. Sie scheint von ganz weit her aus dem Leben selbst zu kommen bzw. das Leben selbst zu sein. Die Selbstliebe hat keinerlei Schutzinteresse, sie will einfach frei fließen und wachsen. Sie sucht und hat keinen Sinn irgendwo außerhalb, sondern in sich, im puren Dasein. Sie bewahrt keine Form, sie bringt jedoch die Form hervor und wandelt sie immer weiter, völlig unbekümmert von den Zerstörungen und Veränderungen, welche mit jeder Wandlung einhergehen.

Während die abhängige Liebe sich um unsere Form kümmert, gilt die Selbstliebe unserer formlosen Essenz. Wir *sind* die Resonanz von abhängiger Liebe und Selbstliebe, von Essenz und Form. In dieser Resonanz bildet sich im Mutterleib das symbiotische Einheitsbewusstsein heraus, die erste Stufe nach Nelles' Bewusstseinsmodell.[10] Unser Verhältnis zu uns selbst und zur Umgebung, unser Bewusstsein also, findet zunächst als körperliches Spüren statt. Es bleibt auf den Körper begrenzt.

Das Körper-Bewusstsein des ungeborenen Kindes hat vollen Zugang zu den Erfahrungen, inneren Zuständen und Erinnerungen der Mutter und der Menschen, mit denen sie verbunden ist, also

10. Nelles: Das Leben hat keinen Rückwärtsgang.

des Vaters und deren beider Familien. Die Welt der ersten Bewusstseinsstufe ist der Leib der Mutter in Einheit mit dem eigenen Körper. Man könnte es daher auch „Mutter-Bewusstsein" nennen. Das „Mutter-Bewusstsein" kann „außen" und „innen" nicht unterscheiden, auch nicht „ich" und „du". Innen und verbunden sein ist das Einzige und daher das Selbstverständliche. „Draußen sein" ist tödlich für jede Symbiose, daher unbedingt zu vermeiden.

Die symbiotische abhängige Liebe weiß nichts von ihren eigenen Anpassungsleistungen. Sie lebt in ihnen und durch sie, denn alles, was ein ungeborenes Kind „für" die Mutter tut, tut es für sich. Alles, was der mütterliche Organismus für das Kind tut oder ihm vorenthält, erlebt ein Ungeborenes als von sich selbst ausgehend und sich selbst zustoßend in einem. Ein ungeborenes Kind kann Schmerz fühlen, aber es „weiß" nicht, ob es nun ihm oder der Mutter wehtut. „Es tut weh", das ist alles. Unser Körpergedächtnis hält die Anpassungsleistungen des ungeborenen Kindes lebenslang in Bereitschaft. Später erleben wir sie als Charaktereigenschaften, als Teile der eigenen Identität. Dabei sind sie „nur" in Fleisch und Blut übergegangene abhängige Liebe.

Das Paradies von innen

Vor ein paar Jahren erhielt ich per Whatsapp die Aufnahme einer Ultraschall-Untersuchung. Man sah ein etwa fingerlanges menschliches Wesen in einer Höhle. Der Kopf, der Leib, die Arme und Beine waren schon zu erkennen, auch eine bestimmte Form der Nase. Offensichtlich war jemand schwanger geworden. Das Kind läuft heute herum und hat dieselbe Nase wie auf dem Ultraschallbild.

Vom ersten Moment an, also der Zeugung mittels Verschmelzung der Zellkerne von Ei- und Samenzelle, ist das Kind da. Es verhält sich sofort deutlich anders als etwa eine neugebildete Leber- oder Nervenzelle der werdenden Mutter. Der Organismus der nunmehr schwangeren Frau stellt sich auf die frisch vereinigte Keimzelle ein und verändert sich, oft noch bevor sie von ihrer Schwangerschaft etwas weiß. Solange von Seiten der werdenden Mutter alles, was der Keimling braucht, in ausreichender Qualität und Menge zur rechten Zeit bereitgestellt werden kann, lebt das Ungeborene im Paradies.

Die Symbiose im Mutterleib ist eine kollektive Erfahrung, die von allen Paradiesgeschichten und -Sehnsüchten der Menschheit aufgerufen wird. Das Kind bekommt über die Nabelschnur die Nährstoffe, wann immer es sie braucht, es bekommt Wärme und Sicherheit, es wird getragen, es hört das Herz und die Stimme der Mutter, es spürt ihr Wesen und ihre Erwartung. So ist es im Idealfall. Nun, Idealfälle kommen im richtigen Leben selten vor, sondern, wie das Wort es sagt, nur in unserer Vorstellung vom Leben.

Im richtigen Leben kann eine schwangere Frau krank werden, sie bekommt Durchfall, Grippe oder muss erbrechen. Möglicherweise erlebt sie eine Trennung oder empfindet die Schwangerschaft selbst als bedrohlich. Sie geht wie alle Menschen durch körperliche und seelische Belastungen. Nicht nur in Kriegs- und Katastrophengebieten erleben schwangere Frauen Unfälle oder Gewalt, Bedrohung und sexuelle Übergriffe. Trotzdem halten es mehr als die Hälfte aller gezeugten Kinder bis zur Geburtsreife im Leib der Mutter aus. Sie werden geboren und überleben.

Wie machen sie das? Wie überstehen sie im Inneren ihrer Wirtin die Störungen und zum Teil ernsthaften Bedrohungen, denen sie gemeinsam mit ihr ausgesetzt sind? Kurz gesagt: mit Liebe. Mit ihrer abhängigen Form. Die ungeborenen Kinder versuchen, den Organismus ihrer Mutter zu stabilisieren. Ob als millimetergroßer Keimling, als daumenlanger Embryo oder als Fötus kurz vor der Geburt. Sie verhalten sich wie kooperierende Parasiten: Sie sichern ihr eigenes Überleben, indem sie die Belastungen der Wirtin ausbalancieren und alles unternehmen, damit sie möglichst stabil am Leben bleibt.

Einige Beispiele:

. Wenn die Mutter Hunger leidet, nimmt der kindliche Körper weniger Nährstoffe von ihr. Man sieht es daran, dass der Embryo langsamer wächst.

. Wenn die Mutter krank wird, verhält es sich ebenso.

. Wenn die Mutter einen Unfall oder Gewalt oder einen wie auch immer gearteten Schock erleidet, folgt ihr das Kind darin, indem es sich weniger bewegt. Es folgt ihr in die Starre. Diese Anpassungsleistung geht so weit, dass sie die Lebensfähigkeit des Ungeborenen selbst in Frage stellt. Dann entscheidet es sich für das Leben seiner Wirtin und geht. Es kommt zur Fehlgeburt, zum natürlichen Abbruch.

Auf Seiten des Kindes heißt das Grundmuster der abhängigen Liebe: „Ich tue alles für dich, egal was es mich kostet. Denn ich bin auf Leben und Tod von dir abhängig. Ich werde besser überleben und wachsen können, wenn es dir gutgeht."

Dieses Muster hat eine kaum zu überschätzende Macht. Es sorgt für unauslöschliche Bindungen, es lässt uns während der Kindheit ohne Rücksicht auf unsere persönlichen Grenzen alles dafür tun, dass unsere Familie stabil bleibt und wir uns ihr zugehörig fühlen können. Es betreibt umgekehrt während der Pubertät die Lösung von den Menschen, auf die es sich bezieht, und es läuft ins Leere, wenn wir erwachsen sind, also den Tatsachen nach von keinem anderen Lebewesen mehr auf Tod und Leben abhängig.

Das Grundmuster der abhängigen Liebe hält alle kleinen und großen menschlichen Systeme zusammen, es ermöglicht sie überhaupt erst. Es ist der Kitt „des Systemischen", es lässt uns Gruppen bilden, Sippen, Vereine, Religionen, Nationen. Es führt uns in die Leiden des Leibes und der Psyche, es führt uns in Kriege, in Mord und Totschlag sowie gleichermaßen in Hilfsbereitschaft, Selbstlosigkeit und Güte.

Das Paradies von außen – wie die Mutter liebt

> Eine Frau erzählte mir neulich, sie habe ihre Schwangerschaft so lange wie möglich vor ihrer Herkunftsfamilie verbergen wollen, da sie sich nicht sicher war, das Kind bekommen zu wollen. Ihre Freunde kannten sie als lebensfrohe Partygängerin. Bei einer Familienfeier im Elternhause hätte man ihr zur Begrüßung wie üblich einen Martini gemixt. Sie ließ ihn stehen und griff zum Bananensaft. Ihre Schwester begriff als Erste.

Das Phänomen der abhängigen Liebe kann man sich gut als eine wechselseitige Angelegenheit vorstellen. Die Seite des Kindes trägt die Inschrift: „Ich bin von dir abhängig auf Leben und Tod." Die Seite der Mutter heißt entsprechend: „Du bist von mir abhängig auf Leben und Tod."[11] Aus der Perspektive der Eltern sagt die abhängige Liebe zu dem Kind im Mutterleib: „Wir tun alles für dich, egal was es uns kostet. Unsere Art wird besser überleben und wachsen können, wenn es dir gut geht.“

Überleben und sich fortpflanzen – diese beiden Grundantriebe jedes Lebewesens verhalten sich wie die beiden Seiten ein und derselben Medaille. Auf der Elternseite der Medaille diktiert der Antrieb zur Fortpflanzung das Geschehen. Das unpersönliche und ungreifbare Leben selbst sorgt seit dem Urknall dafür, dass alle Formen, die es hervorbringt, a) für ihre eigene größtmögliche Stabilität sorgen, also überleben wollen, und b) sich selbst durch Vervielfältigung erneuern, also sich fortpflanzen möchten. Diesem Grundimpuls scheint es zu dienen, wenn die Formen des Lebens sich immer weiter ausdifferenzieren, bis dahin, dass sie beginnen, sich selbst zu sehen, etwa in der Art, wie es uns Menschen ansatzweise schon möglich ist.

Die Ausdifferenzierung und immer größere Komplexität der menschlichen Art hat die Grundimpulse vom Überleben und Sichfortpflanzen offenbar nicht abgeschwächt. Sie wirken in derselben Unbedingtheit wie bei unseren Vorfahren, den Primaten. Man kann also davon ausgehen, dass die Kräfte der abhängigen Liebe auf dieser Seite der Medaille, der Fortpflanzungsseite, gleich stark sind wie auf ihrer anderen, der Überlebensseite.

11. Im Zusammenhang mit der Geburt werden sich diese Abhängigkeiten aufheben. Sowohl das zu gebärende Kind als auch die gebärende Mutter kommen durch den Geburtsvorgang natürlicherweise in latente Lebensgefahr. Sie geraten gemeinsam in die existentielle Abhängigkeit von etwas kaum Benennbaren. Ich bezeichne es hier in Ermangelung eines genaueren Begriffes als das Leben selbst. Die Abhängigkeit vom Leben selbst gilt für jeden Menschen vom Moment der Zeugung an bis zum Moment des Todes. Sie ist die einzige Abhängigkeit, die uns immer erhalten bleibt.

Sehen wir genauer nach, wie die aus existentieller Abhängigkeit entstehende Liebe auf Seiten der Wirtin und späteren Mutter wirkt: Mit dem ungeschützten Geschlechtsakt stellt sie sich der Fortpflanzung ihrer Art zur Verfügung. Damit begibt sie sich in latente Lebensgefahr, denn wenn ein Kind gezeugt wird, geht sie unausweichlich auf das noch immer unkalkulierbare Ereignis der Geburt zu.

Wie schon erwähnt, fokussiert sich ihr gesamter Organismus bis dahin auf die Versorgung des Ungeborenen in ihrem Innern. Die werdende Mutter *ist* der ganze Schutz, die ganze Sicherheit und die alleinige Nahrungsquelle für das in ihr wachsende Wesen. Dafür muss sie sich gar keine Mühe geben, es geschieht ihr einfach. Genau so, wie es dem Kinde in ihr eben geschieht, vollkommen auf sie angewiesen zu sein. Das Angewiesensein der beiden spiegelt sich ineinander.

Die werdende Mutter wird unwillkürlich und natürlicherweise aus sich selbst heraus alles tun, was das Überleben des Ungeborenen in ihr sichert. Sie wird sich von Gefahren fernhalten, Schocks vermeiden (etwa nicht zu Beerdigungen gehen, wie in ländlichen Gegenden heute noch üblich), nach Möglichkeit ausreichend essen und Schadstoffen ausweichen (etwa nicht rauchen). Sie wird für ihre Sicherheit sorgen, und hier – erst hier – kommt nach der Zeugung der Mann wieder ins Spiel.

Die überwältigend längste Zeit der Menschwerdung hatten die Männer mit ihrer körperlichen Kraft eine sichernde Funktion für die schwangeren Frauen inne. In unserer westlich zivilisierten Welt sieht man davon nur noch wenig, aber in der Tiefe wirkt diese Grunddynamik zwischen Mann und Frau nach wie vor. Ein „Echo“ von „der Mann sorgt im Interesse des Überlebens der menschlichen Art für die Sicherheit der schwangeren Frau" könnte die immer noch ungleiche Verteilung politischer und ökonomischer (also sichernder) Macht sein, oder auch der schwer zu behebende Mangel an Frauen in Führungspositionen, also in Positionen, die strategisch das Überleben einer Menschengruppe sichern müssen.[12]

Die Unausweichlichkeit der abhängigen Liebe führt während der Schwangerschaft dazu, dass die Mutter unwillkürlich mit ihrem Kind in Resonanz kommt, dass sie spürt, was es braucht und was es in Gefahr bringen könnte. Sie bringt noch immer die meisten Frauen dazu, sich den Gefahren und Schmerzen der natürlichen Geburt auszusetzen. Sie wird nach der Geburt dazu führen, dass die Mutter alles unternimmt, um ihr Kind aus Gefahren zu retten oder solche zu vermeiden. Hier beginnen sich die Erscheinungsweisen der abhängigen Liebe bei Mutter und Vater anzugleichen, obwohl sie unterschiedliche Kraftzentren behalten werden.

Der Schwerpunkt der Mutter liegt, ihrer früheren Rolle als nährender Wirtin entsprechend, bei der Fürsorge. Der Schwerpunkt des Vaters liegt, seiner früheren Rolle als personifiziertem Schutz entsprechend, beim Gewähren und Verkörpern von Sicherheit. Beiden gemeinsam ist, dass nichts sie als Eltern glücklicher

12. Es liegt mir fern, Frauen auf ihr Muttersein oder Männer auf ihre Schutzaufgaben zu beschränken, wenn ich in den genannten Phänomenen ein kollektives „Echo" aus der Frühzeit unseres Menschseins beschreibe. Ich würdige ihre unterschiedlichen Funktionen für den Fortgang des menschlichen Lebens, so, wie ich sie vorfinde. Aus der Perspektive des Ungeborenen gelten sie bis heute. Echte Bewegungsfreiheit, etwa bei der Rollen- und Machtverteilung zwischen Männern und Frauen, entsteht in dem Maße, wie die Gegebenheiten des Lebens gesehen, anerkannt und gewürdigt werden.

macht, als wenn es ihrem Kind gutgeht, und es ihnen größten Schmerz bereitet, wenn ihr Kind leidet oder stirbt.[13]

Für das Überleben und das darin angelegte Gedeihen ihres Kindes überschreiten Eltern ohne zu zögern jede Grenze, zuerst ihre eigenen: „Ich tue alles für dich, egal was es mich kostet, denn du bist auf Tod und Leben von mir abhängig. Meine Art wird besser überleben und wachsen können, wenn es dir gut geht." Die „Rushhour" des Lebens mit heranwachsenden Kindern bringt oft eine grandiose Überforderung und Erschöpfung mit sich, der sich die meisten Eltern bereitwillig stellen. Das Kind antwortet: „Ich tue alles für euch, egal was es mich kostet, denn ich bin auf Leben und Tod von euch abhängig. Ich werde besser überleben und wachsen können, wenn es euch gutgeht." Eltern und Kinder spiegeln sich ineinander auf dem Wege der Resonanz, ihr Verhältnis immerfort verändernd und neu ausbalancierend.

Die Geburt oder die Entstehung des Ideals

> Ich erinnere mich an eine Karikatur, die das Unfassbare des Geborenwerdens auf den Punkt bringt. Man sieht das Innere einer hochschwangeren Frau mit Zwillingen. Ein Ungeborenes sagt zum anderen: „Glaubst du an ein Leben nach der Geburt?"

Für die Symbiose, für das totale Eingelassensein, gibt es kein Draußen. Es ist schlicht unvorstellbar. Die symbiotische abhängige Liebe verbindet jedes draußen mit dem Tod, also auch mit

13. Das gilt vermutlich bereits vom Moment der Zeugung an, wie der Schmerz der Eltern und die gravierenden Auswirkungen schon von sehr frühen Fehlgeburten auf ihre Partnerschaft zeigen.

Todesangst. „Das Leben der Leute und Orte“[14], also das Leben in der Umgebung namens Gebärmutter, ist für den Körper des Ungeborenen neun Monate lang das einzig Sinnvolle und Erstrebenswerte. Aber nicht das einzig Mögliche, nur „weiß“ es das nicht.

Das Leben *„mit* dem es geboren wird“[15], hat andere Pläne. Es „weiß“, wenn es Zeit ist zum Geborenwerden. Hier scheint die Selbstliebe ihre Funktion für die Geburt zu haben. Sobald die Resonanz zwischen dem inneren Selbst des Ungeborenen und seiner Anpassungsleistung an die Umgebung „Mutterleib“ in ein Gleichgewicht kommt, welches auch außerhalb funktionieren könnte, leitet der Körper des Ungeborenen die Geburt ein. Es sendet ein Hormonsignal, der Mutterleib antwortet mit Wehen. Die Geburt beginnt. Damit findet aus der Perspektive des Ungeborenen sein bisheriges Leben ein Ende.

In der Realität endet nur seine totale Abhängigkeit vom Leib der Mutter. Die eben noch bestimmende Ebene des Lebens, das rein physische Dasein, ist nun nicht mehr abhängig vom Inneren der Mutter. Auch andere Menschen können uns nun physisch am Leben erhalten, sollte die Mutter sterben. Die Abhängigkeit des Kindes springt im Moment der Geburt vom Inneren der gebärenden Frau auf ihre äußere Gestalt über, auf das erste Gegenüber des Neugeborenen. Durch diesen Vorgang wird sie für uns erst zur Mutter. Vorher war sie die Wirtin. Damit erschafft sich das Neugeborene seine Mutter. Die Mutter leistet in der Geburt das Gleiche: Sie erschafft sich ihr Kind. Beide werden sich gleichzeitig geschenkt und aneinander gewiesen.

14. Hillmann, S. 28.

15. Ebenda.

Die Mutter ist das Einzige, was ein neugeborenes Kind nach der Geburt und dem totalen Verlust seiner bisher bekannten Umgebung als etwas Sicheres und Bekanntes vorfinden kann. Vorher kannte es diese Frau von innen her. Sich selbst kannte es nur als einen Teil des mütterlichen Organismus. Nun begegnet sie ihm von außen her, als ein unabhängig atmendes Gegenüber.

Ich schaue hier vor allem darauf, was die Geburt uns in Bezug auf unser Thema, die unbewusste Liebe, erkennen lässt. Ohne die Trennung vom Leib der Mutter hätten wir alle sterben müssen, unsere Mütter ebenfalls. Gleichzeitig haben wir alle mit der Geburt unser persönliches Paradigma des Übergangs in etwas Neues erlebt, also eine Art Vorlage, die sich immer wieder inszeniert, wenn etwas Neues, Unbekanntes ansteht. Sie scheint samt der Art und Weise, wie wir diese Situation überstanden haben, von unserem Körpergedächtnis festgehalten zu werden, um weiterhin auf Bedrohungen solcher Art vorbereitet zu sein. Sobald ein Übergang im späteren Leben von unserem (immer symbiotischen) Körpergedächtnis als Ereignis dieser Dimension eingestuft wird, aktiviert unser Körper all das, was uns damals, bei der echten Geburt, geholfen hat.

> Manche Kinder werden mit der Nabelschnur um den Hals geboren. Wenn die Pressphase beginnt, zieht sich die Nabelschnur am Halse zusammen und würgt das Kind. Es kann nicht vorwärts und nicht zurück. Die Sauerstoffversorgung für das Gehirn lässt nach, die Herztöne werden schwächer, jemand muss von außen eingreifen und die Geburt zum guten Ende führen. Der Körper des Kindes hält inzwischen einfach still und versucht, mit weniger Sauerstoff zu überleben. Er „lähmt" sich selber, einem Not- und Überlebensprogramm aller Säugetiere folgend.

Der kindliche Körper speichert dieses Szenario für spätere Übergänge ab. Dadurch kann es sein, dass es diese Erinnerung an eine lebensbedrohliche Dramatik später in allen möglichen Übergängen wiederfindet. Es wiederholt sie, sozusagen vorsorglich. Sie können dadurch schwieriger werden, denn im Schock ist niemand handlungsfähig. Das gute Ende der Geschichte, also etwa das Gelingen der Geburt, merkt sich das Körpergedächtnis nicht, es kann sie in der Lähmung nicht wahrnehmen. Erst viel später erkennen wir: Das gute Ende der Geschichte sind wir selber, so wie wir gerade hier sind, ich beim Schreiben, Sie beim Lesen. Das Ende heißt für lebende Menschen: Es ist gut ausgegangen. Damit wird sichtbar: Die Geburt wäre von ihrer lebensentscheidenden inneren Dynamik her durchaus dazu geeignet, als ein „Trauma" erinnert zu werden. *Falls* es dabei Komplikationen gab und *falls* das Kind sie als lebensbedrohlich wahrgenommen hat. Es wäre jedoch fahrlässig, einfach von der Geburt her auf ein „Trauma" zu schließen, weshalb ich überhaupt niemals von einem Ereignis auf ein Symptom schließe. Ein bedrohliches Ereignis von damals erklärt nicht das Symptom von heute, sondern das heutige Symptom erhellt unser aktuelles Verhältnis zu dem damaligen Ereignis. Die einfache Annahme von Ursache und Wirkung führt in die Irre.

Wenn ein Mensch mit „Traumasymptomen" zu mir kommt, wie etwa Entscheidungsqualen oder der Unmöglichkeit etwas Neues zu beginnen, kann man von dort her durchaus auch auf die Geburt schauen. Dabei zeigt sich möglicherweise, ob das heutige Muster damals einen lebensrettenden Sinn ergeben hätte. Wenn dies zutrifft, lässt sich die Geburtsgeschichte aus dem Abstand zu „Damals" nun zu Ende erzählen und zu Ende erleben, nämlich in der ganzkörperlichen Wahrnehmung, dass ich noch da bin, dass es also damals gut ausgegangen ist. Sehr deutlich sieht man solche Phänomene im Lebensintegrationsprozess (LIP nach Nelles) auf der Position des Ungeborenen.[16]

> Als kleines Kind habe ich mir gern einen „Kobel" gebaut, wie die Eichhörnchen es in meiner Vorstellung taten. Dazu braucht man ein kaltes Kinderzimmer, ein dickes Federbett und ein weiches Kopfkissen. Man kuschelt sich quer zum Bett in Embryonalhaltung und klemmt das Kissen zwischen die Füße und die kalte Wand. Dann wickelt man das Federbett komplett um sich herum, bis es nirgendwo mehr hereinzieht. Vorne hat man noch einen winzigen Spalt zum Atmen. Nach wenigen Augenblicken wird es warm und selig. Bis die Eltern kommen und einen wieder „richtig" hinlegen.

Beim Schauen auf die Geburt werden wir Zeugen dessen, wie unser erstes Ideal entsteht. „Ideal" nenne ich *ein inneres Bild von dem, wie es sein sollte* („warm und selig"). Dieses Bild kann mich selbst, mein Leben mit den anderen oder die ganze Welt betreffen. Ein Neugeborenes verkörpert nahezu vollständig noch das Dasein im Inneren der Mutter, das vollkommene Eingelassensein. Der wesentliche Unterschied in seinem Körper besteht darin, dass es nun atmet, einen unabhängigen Blutkreislauf hat und mit dem Munde Nahrung aufnehmen muss. Mit Hilfe dieser drei Unterschiede hat es überhaupt eine Chance, in der potenziell tödlichen Umgebung außerhalb des Mutterleibes nicht umzukommen. Nur die mütterliche Zuwendung mildert die Lebensgefahr insoweit, dass es weiterleben kann.

Auch die Selbstwahrnehmung des Neugeborenen ist noch auf das Innere der Mutter eingestellt. Dort geborgen und eingelassen zu sein bedeutet Leben, *wie es sein sollte,* das aktuelle

16. *Nelles, Geßner: Die Sehnsucht des Lebens nach sich selbst.*

Draußensein nach der Geburt jedoch Leben, *wie es ist.* In der Aufstellungsarbeit zeigen die Stellvertretungen für Neugeborene: Wir klammern uns häufig am Eingelassensein fest und halten es als ein inneres Bild der neuen unermesslichen und daher gefährlichen Umgebung entgegen. Mit Hilfe der inneren Vorstellung vom Eingelassensein stemmen wir uns gegen die neue Lebenswirklichkeit.

Der grundlegende Vorgang vollzieht sich aus meiner Sicht so: Unser Selbst, unsere innere Lebendigkeit, schiebt uns in eine neue Lebensstufe, wenn es dafür Zeit ist. Es nimmt dabei keine Rücksicht auf das, was uns in der vertrauten Umgebung halten möchte. Es interessiert sich nicht für den Eindruck akuter Lebensgefahr, für unser damit verbundenes Sicherheitsbedürfnis wie beispielsweise den Drang zum Dazugehören und Drinbleiben. Das Leben in uns „geschieht“[17] einfach, es pfeift auf die Umgebung.

Alles, was wir als Anpassung aus abhängiger Liebe bis dahin geleistet haben, sieht sich dadurch automatisch in Gefahr. Es hilft sich, indem es ein inneres Bild der gerade verlorenen Umgebung etabliert und es mit aller Kraft, also mit der Kraft der Todesangst, der neuen Umgebung entgegenhält. Auf diese Weise entsteht das Ideal als die Vorstellung einer „besseren Welt“.

Wozu ist das nötig? Es scheint dem Neugeborenen zu ermöglichen, sich nach und nach auf einen bisher als gefährlich vermuteten Lebensbereich, eben auf das Draußensein, einlassen zu können. Es gibt kaum etwas Stärkeres als Ideale, denn sie kommen aus der Todesangst, oder anders gesagt, aus der abhängigen

17. Nelles: Das Leben geschieht.

Liebe, die immer bereit ist, für ihre geliebte Umgebung in den Tod zu gehen.

Die Mutter empfindet offenbar nicht anders. Auch sie erlebt und behandelt das Kind, als habe sie es noch in sich. Ein Zeichen dafür ist jener wunderbare, oft als „Stilldemenz" belächelte oder beklagte Aufmerksamkeitskokon, in dem Mutter und Kind noch für einige Monate nach der Geburt ihre körperliche Symbiose nacherleben.

2. Wie das Kind liebt. Die emotionale Symbiose

> Meine Mutter hat oft gesungen, manchmal bei der Arbeit, vor allem beim Zusammensein mit uns Kindern. Sie hatte einen klaren, feinen Alt. Abends sang sie uns Gutenachtlieder. Sie setzte sich ans Bett, und ihre leise Stimme durchwebte jede Zelle. Mein Vater kam abends auf seinem Dienstmotorrad heim. Im Sommer nahm er uns dann auf den Sozius hinter sich und fuhr mit uns eine Runde im Hof. Man musste sich gut an ihm festhalten, und seine Lederjacke roch ganz nach ihm.

Das Kind, so haben wir gesehen, hat die Zeit im Mutterleib noch in den Knochen, in allen Zellen, in seinem sensomotorischen Gedächtnis. In dem Kind lebt das Ungeborene als innere Gestalt weiter, als eine Körpererinnerung. Genauer gesagt ist das Kind die Körpererinnerung an das Ungeborene. Es bringt als Grunderfahrung mit auf die Welt: „Ich bin eins mit meiner Umgebung und daher auf Tod und Leben von ihr abhängig." Etwas anderes als die Symbiose mit dem Mutterleib kannte es nicht.

Wir sehen nun, wie das Kind aus diesem Lebensgefühl heraus nach der Geburt lernt, die neue Entfernung zu seiner Mutter mit Hilfe des Fühlens zu überbrücken. Es lernt dazu, die Mutter sozusagen von außen her wiederzufinden. Aus seiner Sicht kann es sonst nicht überleben. Die unmittelbare körperliche Abhängigkeit transformiert sich auf diese Weise in eine emotionale Abhängigkeit. Während das Kind noch im Mutterleib unwillkürlich mit der Mutter mitschwang und dabei mit seinem ganzen Körper alles dafür tat, dass die Mutter so stabil wie möglich blieb, tut es dies nun mit seinen emotionalen Mitteln.

Ein Kind unternimmt alles dafür, dass es zu Mutter, Vater und der übrigen Familie Zugang findet und dass es ihnen gut geht.[18] Es findet diesen Kontakt, indem es seine Fähigkeit des unmittelbaren körperlichen Spürens erweitert zum „Mitschwingen über die Entfernung". Es richtet sich dabei aus auf sein „Du", also auf die Mutter.[19] Es erreicht sie mit Hilfe der ersten Formen des Mitfühlens, und es kennt dabei keine Grenzen. Diese Resonanz mit der nährenden und schützenden Umgebung namens „Mutter" entwickelt sich zu einer als Gefühl wahrnehmbaren Herausbewegung (Ex-Motion). Die vorgeburtlichen unmittelbar physischen Resonanzfähigkeiten werden dabei nicht abgeschaltet, sie treten nur etwas in den Hintergrund.[20]

Erst das Kind „erfindet" die fühlbare Liebe. Im kindlichen Mitschwingen über die Entfernung zur Mutter wird die Liebe zum ersten Mal als ein Gefühl wahrnehmbar. Im Mutterleib war sie das noch nicht. Dort war Liebe einfach die körperliche Art und Weise unseres Daseins. Hier jedoch, in der abhängigen Liebe des Kindes, entstehen nun jene Gesten und Zeichen, welche die meisten von uns mit „Liebe" verbinden. Hier beginnt das, was wir als „Liebe" fühlen, hier entsteht das, wonach wir später in

18. Dies gilt selbst dann, wenn es seine leiblichen Eltern nie kennenlernen konnte, etwa nach einer Trennung, dem Tod eines bzw. beider Elternteile oder einer Adoption. Es sucht innerlich immerfort Kontakt zu ihnen.

19. Wenn die Mutter nicht da ist, wie etwa bei Krankheit, Tod oder Adoption, wird es kompliziert für das Neugeborene. Es muss erst durch einen inneren Weltuntergang hindurch, bevor es sich auf Ersatzpersonen einlassen kann. Häufig sucht es auch dann noch so lange nach seiner Mutter, bis es innerlich erwachsen ist und erkennt, dass es damals überlebt hat.

20. Das Stellvertreterphänomen in der Aufstellungsarbeit entsteht übrigens mit Hilfe unserer Fähigkeit, mit dem ganzen Körper mitzuschwingen und implizites Wissen auf diese Weise aufzunehmen.

der Liebe zunächst suchen. Hier wird „Liebe“ zur Entsprechung unserer kindlichen Sehnsüchte, wie etwa nach Geborgenheit, Zusammensein, Verstandenwerden, Wärme, Herzensverbindung, Verlässlichkeit und Sicherheit.

Hier entsteht auch das, was uns im erwachsenen Leben die häufigsten Schwierigkeiten mit dem Phänomen „Liebe“ bereiten kann, wie die oft widersprüchlichen Erfahrungen vieler Menschen mit ihr zeigen, etwa Erfüllung und Enttäuschung, Lust und Schmerz, Hingabe und Rückzug, Offenheit und Angst, Treue und Verrat, Güte und Neid oder Loyalität und Eifersucht.

> Vor einiger Zeit brachte man mir ein Mädchen, das hatte Jahre zuvor mit dem Sprechen aufgehört. Urplötzlich, wie man mir sagte. Sie war vierzehn und lebte in einem Heim. Ich saß eine Weile mit ihr am Tisch, dann legte ich ihr Playmobilfiguren hin und fragte sie, ob sie Lust hätte, damit mal ihre Familie aufzubauen. Sie stellte eine entfernte Mutter auf, einige Geschwister und einen liegenden Vater. Ihre eigene Figur stand vor ihm und schien auf etwas zu warten. Weiter ging es nicht. Später erfuhr ich, dass der Vater einige Zeit vor ihrem Verstummen gestorben war.

Sie kam noch einige Male. Sie mochte das Aufstellen mit den Figuren, aber nichts bewegte sich. Irgendwann sah ich plötzlich: Dieses Mädchen stand innerlich am Grab des Vaters und rief ihn. Er antwortete nicht, er kam auch nicht wieder. Da verlor das Sprechen den Sinn für sie, und sie hörte damit auf. In der Arbeit mit ihr kam ich bald an einen Punkt, wo ich nicht weiter wusste.

Mit einigen versierten Kollegen konnte ich glücklicherweise ihren Fall aufstellen. Der Stellvertreter für den toten Vater des Mädchens sagte, es täte ihm leid, dass er nicht mehr für sie da sein könne. Er würde sich aber von Herzen freuen, wenn sie weiterleben, etwas daraus machen und ihr Dasein genießen würde.

In unserer letzten Sitzung erzählte ich dem Mädchen, was ich gesehen hatte, und dass ich nun nichts weiter für sie tun könne. Sie nickte und ging wieder. Ein halbes Jahr später erfuhr ich aus ihrem Umfeld, sie hätte Freundinnen in der Schule, Kontakt zu ihrer Mutter und den Geschwistern, und sie würde so viel reden, dass ihr Mitteilungsbedürfnis manchmal eine Herausforderung sei. Sie hatte von ihrem Vater gehört, dass sie ihn innerlich nicht verlieren würde, wenn sie sich nun dem eigenen Leben zuwandte.

Kindliche Liebe ist immer die Liebe eines abhängigen Wesens zu denen, auf die es unausweichlich angewiesen ist. Kindliche Liebe muss um des Überlebens willen innerlich Kontakt finden und dazugehören, zu Mutter, Vater und allen anderen in der Familie. Es spielt für das Wirken dieser Liebe keine Rolle, ob die konkreten Menschen anwesend, abwesend oder gar tot sind. Kindliche Liebe ist nur dazu gemacht und auch nur dazu geeignet, in einem existentiellen Abhängigkeitsverhältnis überleben und wachsen zu können. Sie bildet sich in den familiären Abhängigkeitsverhältnissen heraus, und zwar immer auf der Grundlage und in der Erinnerung des körperlichen Mitschwingens als ihrer ersten Form im Mutterleib.

Das Abhängigkeits- oder Machtgefälle, in dem jedes Kind sich vorfindet, strukturiert die Bedingungen der kindlichen Liebe, es strukturiert die Art und Weise ihres Kontaktes zur Welt, es gestaltet die Art und Weise, wie sie mit ihrer Umgebung und immer mehr auch mit sich selbst in Resonanz geht. Die kindliche Liebe erschafft auf diese Weise das Gruppen- oder Wir-

Bewusstsein. Gleichzeitig erschafft das Gruppen- oder Wir-Bewusstsein die kindliche Liebe. Das magische Weltbild von Kindern und Menschen im Gruppenbewusstsein ist ein Ergebnis dieses Resonanzphänomens.

Alles, was wir *fühlen* können, lernen wir in der Kindheit. Aus den Körperempfindungen, aus den puren Signalen unserer körperlichen Sensoren und Sinnesorgane entwickeln sich im Lauf der ersten Lebensjahre zum Beispiel die gefühlte Liebe und die gefühlte Angst, die gefühlte Freude und die gefühlte Trauer. Im Gegenüber zu den Eltern und der Familie als unserem „Du" bilden sich die Hin- und Rückbewegungen unserer Emotionen, also etwa Liebe und Angst, Geborgenheit und Verlassenheit, Freude und Trauer, Vertrauen und Neid, Lust und Ekel, Sehnsucht und Hass[21] … die ganze Palette. So entstehen sowohl die Grundzüge unserer inneren Gefühlslandschaft als auch ihre wesentlichen Ausdrucksformen. Am Ende der Kindheit ist alles da, was wir an persönlichen Gefühlen kennen, inklusive eines hochpräzisen emotionalen Koordinatensystems namens Gewissen.

Das emotionale Gewissen

Eine Fahrt mit der Straßenbahn kostete 15 ostdeutsche Pfennige. Der Junge hatte am Tag zuvor sein Taschengeld für den ganzen Monat bekommen: ein nagelneues Zweimarkstück, 50 Pfennige pro Woche. Die Straßenbahn quietschte um die Ecke, er musste bald zu Hause sein. Es war niemand da zum Wechseln. Traurig ließ er das

21. Hass ist von der inneren Dynamik her das Ergebnis kindlich-abhängiger Liebe, die nicht zum Ziel kommen konnte, sozusagen blockierte Liebe.

Zweimarkstück in den Bezahlkasten fallen, zog an dem Hebel und riss die Fahrkarte ab. Wie gelähmt setzte er sich in den fast leeren Wagen. Er hatte gerade zwanzig Kugeln Eis drangegeben, um pünktlich heimzukommen und dabei nicht schwarzfahren zu müssen.

Unser Gewissen, wie Bert Hellinger es entdeckt hat[22], sorgt dafür, dass Kinder gefühlsmäßig immer genau darüber im Bilde sind, ob sie noch zu ihrer Familie dazugehören. Dann sind sie in Sicherheit. Es zeigt ihnen auch an, ob diese Zugehörigkeit in Frage steht, sie sich also in Lebensgefahr befinden. Das Gewissen ist somit ein präzises Zugehörigkeitsorgan des kindlichen Gruppenbewusstseins. Es sichert unser Überleben, solange wir Kinder sind. Mit seiner Hilfe bewerten wir unbewusst all unsere Handlungen, Gefühle und Gedanken.

Einziger Maßstab des Gewissens ist die Zugehörigkeit zu denen, von denen wir abhängig sind. Das Ziel des Gewissens ist unser Überleben im Horizont der Gruppe, etwa unserer Familie. Die Grundlagen für diese Fähigkeit bilden sich im körperlichen Mitschwingen des Ungeborenen, in seinen biochemischen und energetischen Ausgleichsbewegungen. Schon im Mutterleib ging es um das Bleibendürfen, zusammengefasst in dem Satz: „Ich als abhängiger Organismus verhalte mich immer so, dass ich nicht ausgestoßen werde."

Das kindliche Gewissen macht aus dem Satz: „Ich als abhängiges Wesen verhalte mich immer so, dass ich nicht ausgestoßen werde", eine fühlbare innere Orientierung. Wenn ich ihre Ausrichtung verlasse, fühle ich mich schuldig. Wenn ich ihr folge, fühle ich Unschuld. Gefahr für mein Überleben bedeutet:

22. Hellinger: Gewissen und Seele.

schlechtes Gewissen. Sicherheit für mein kindliches Überleben bedeutet: gutes Gewissen. Das Gewissen rettet Kindern immerfort das Leben, indem es sie emotional in der Nähe ihrer Eltern hält.

Das heißt für mich:

1. Das Gewissen ist eine körperliche Angelegenheit, denn der ganze Körper des Kindes lebt in abhängiger Resonanz mit seiner Umgebung.

2. Unsere Gefühle, das Mitfühlen überhaupt, entstehen als körperliche Resonanzbewegungen zum „Du" der Umgebung. Unsere Gefühle sichern die Zugehörigkeit und damit unser Überleben. Die weitgefächerte Palette des menschlichen Fühlens entsteht zunächst mit dem Ziel des Dazugehörens.

3. Kinder kooperieren immer mit denen, von denen sie abhängig sind. Es ist ihnen nicht möglich, nicht zu kooperieren. Auch Kinder, die sich dem Augenschein nach nicht kooperativ verhalten, indem sie auffällige Symptome entwickeln oder auch nur trotzig sind, kooperieren. Sie kooperieren manchmal bis in den Tod, und zwar um dazugehören zu dürfen. Niemand kann sie daran hindern.

Das Fühlen als „körperliches Mitschwingen über die Entfernung zum Du" ermöglicht es dem Kind, sich so zu orientieren, dass es in der Abhängigkeit gedeihen kann und dabei nicht umkommt. Wann kommt ein Kind um? Wenn es keinen Zugang findet zu denen, von denen es abhängt. Ein Neugeborenes, das keinen Zugang zur Mutter findet, bekommt keine Nahrung und stirbt. Mit dieser Vorraussetzung begegnet es der Mutter vom ersten

Atemzug an. Wenn es den Zugang zu ihr als sicher und immer wieder als offen erlebt, kann es sich entspannen. Wenn nicht, muss es um sein Leben kämpfen. Es weiß nichts von alltäglichen Lebensumständen, die eine Mutter von ihrem Kind trennen können, von Arbeit, Urlaub, Krankheit oder Tod.

Die abhängige Liebe und das, was wir fühlen

> In den sechziger Jahren des vergangenen Jahrhunderts gab eine erschöpfte junge Mutter ihr zehn Monate altes Kind in eine Wochenkrippe und fuhr mit ihrem Mann in den Urlaub. Damals war das durchaus üblich, die Kinder wurden ja professionell versorgt. Nach zwei Wochen holte sie ihr Baby wieder ab, bzw. das, was davon übrig geblieben war. Entsetzt ging sie mit dem apathischen Bündel zum Arzt. Der diagnostizierte: schwere Ernährungsstörung mit Durchfall, Erbrechen und akuter Lebensgefahr. Er wollte das Kind ins Krankenhaus einweisen, aber die Frau spürte: „Das Kind braucht nichts dringender als mich. Zeigen Sie mir einfach, was ich tun muss." Dreißiggrammweise fütterte sie ihr Baby wieder auf, mit selbstgemachtem Möhrenbrei. Das Kind überlebte.

Jede längere Trennung von der Mutter erlebt ein Kind dieses Alters als: „Sie will mich nicht mehr. Jetzt muss ich sterben". Es wird auf diese Gefahr so reagieren, wie es dies schon im Mutterleib gelernt hat: Es wird alles dafür tun, dass die Nahrungs- und Lebensquelle „Mutter" nicht wieder versiegt. Es entwickelt körperliche und emotionale Muster, von denen es hofft, dass sie die Mutter in der Nähe halten. Jedes Kind kommt von sich aus mit solchen Attraktoren zur Welt, etwa dem „Kindchenschema". Sie funktionieren auch im Allgemeinen („Och, wie süß…!"), aber hier meine ich etwas anderes.

Das Kind beginnt innerlich aktiv zu werden und emotional sowie körperlich (die Resonanz funktioniert immer in beide Richtungen) etwas mit sich selbst zu machen. Es vermeidet nun alles, von dem es den Eindruck hat, es könnte die Mutter vertreiben. Es hört zum Beispiel auf, solche Bedürfnisse oder Gefühle offen zu kommunizieren, die es subjektiv mit „Mama geht weg" verbindet. Das Kind verbietet sich selber mit großer Konsequenz alles, was dabei stören könnte. Es stellt sich damit sehr präzise auf die Mutter ein, später auch auf andere Mitglieder der Familie. Es handelt aus abhängiger Liebe, also aus jener ursprünglichen Überlebensbewegung heraus, mit der es im Mutterleib gelernt hatte, die Mutter zu stabilisieren.

Hier kann man beobachten, wie der emotionale Gehalt von „gut" und „böse" entsteht: „Gut" ist, was die Mutter für das Kind zugänglich macht, „böse" ist alles, was die Mutter aus Sicht des Kindes vertreibt. Damit wird auch klar, zu welcher ersten Täuschung die ursprüngliche Liebe führen muss: Sie bezieht alles, was geschieht, auf sich selbst. „Die Mama ist weggegangen. Jetzt droht mir der Untergang. Was habe ich nur getan? Bin ich „böse" („Böse" = nicht geeignet zum Dazugehören)?" Hier sehen wir den Horizont des kindlichen Gruppenbewusstseins.

Das Kind hat gar keine Möglichkeit, etwas anderes zu sehen. Es fühlt sich aufgrund der Abhängigkeit von der Mutter genötigt, alles was die Mutter tut, mit einer emotionalen Ausgleichsbewegung zu begleiten. Es verhält sich emotional so, dass es sich selbst eine möglichst zugewandte und damit sichere Mutter erschafft, um bei ihr möglichst große Überlebenschancen zu haben. Das magische Weltbild des Kindes („Wenn ich die Mama nur genug liebe, geht sie nicht weg" oder spielerisch: „Wenn ich die Augen schließe, siehst du mich nicht“) kommt aus dieser existentiellen Abhängigkeit. Das magische Weltbild ist die für das Kind angemessene Weise seiner Resonanz mit der Welt. Das abhängige Fühlen und das magische Weltbild erschaffen einander. Das Gruppenbewusstsein ist von seiner Struktur her ein magisches Bewusstsein, weil es alles, was geschieht, emotional auf sich bezieht bzw. mit sich selbst verwechselt. Sein Horizont wird vom Grad der kindlichen Abhängigkeit begrenzt.

Ein sehr junges Kind wird den Eindruck: „Die Mama war weg und ich dachte, ich müsste sterben“, möglicherweise nicht so ohne weiteres wieder loswerden. Etwas in dem Kind registriert nicht, dass die Gefahr des Verlorengehens vorüber ist und dass es tatsächlich nicht sterben musste. Es bleibt in dem Gefühl der Lebensgefahr stecken. Wir hatten ja schon gesehen, wie ein Neugeborenes manchmal nicht registrieren kann, dass die Geburt gelungen und dass es nun draußen ist. Der menschliche Körper ist in der bedrohlichen Situation so vollständig mit dem Überleben beschäftigt, dass er das Ende der Bedrohung nicht wahrnehmen kann. „Ich bin draußen“, oder: „Die Mama ist wieder da“, kommt einfach nicht an.

Möglicherweise bleibt eine gewisse Alarmiertheit zurück, bleibt uns etwas „in den Knochen stecken“. Wir stellen uns innerlich darauf ein, bei nächster Gelegenheit wieder ums Überleben zu kämpfen. Diese Bereitschaft verbindet sich mit dem inneren Bild der Mama: „Mama ist weggegangen. Das kann wieder passieren. Mama ist also nicht nur Nahrung und Wärme, Mama ist auch Kälte und Verlassenwerden. Mama ist eine Enttäuschung.“

So versuchen wir, uns innerlich auf künftige Bedrohungen vorzubereiten. Eine solche innere und willentlich nicht beeinflussbare Einstellung dient unserem Überleben. Gleichzeitig macht sie uns blind dafür, dass wir ja überlebt haben. Das Kind wird sich nun in seiner Öffnung zur Mama hin beschränken[23], und gleichzeitig versuchen, die Mama mit allen Mitteln bei sich zu halten, um nicht wieder eine solch vernichtende Erfahrung mit ihr machen zu müssen.

Hier sieht man die kindlich-abhängige Liebe bei der Arbeit. Gleichzeitig sieht man, wie sie das Bewusstsein des Kindes und seine emotionale Landschaft gestaltet, um Überleben und Gedeihen zu ermöglichen. Die kindliche Liebe wirkt gestaltbildend, indem sie die Beschränkung kompensiert. Dies geschieht genau wie die physischen Ausgleichsbewegungen des Ungeborenen im Mutterleib, nur jetzt im emotionalen Bereich.

Hier liegt auch der Keim dessen, was Wolfgang Giegerich die „metaphysische Krankheit" nennt[24]: der ursprüngliche emotionale Zusammenhang oder Anker des Phänomens „Neurose". Für das Kind angesichts der plötzlich abwesenden Mama ist das noch keine Neurose, sondern das unmittelbar angemessene Überlebensmuster. In der widersprüchlich anmutenden Überlebens- und Liebesbewegung des Kindes hat die Neurose ihre ursprüngliche Wahrheit, ihren Sitz im Leben, noch ohne „neurotisch" zu sein. Hier, beim Kind, ist dieses Muster einfach unmittelbar das Richtige, um ihm Überleben und Wachstum zu sichern.

Das bedeutet: Es gibt keine gestörten Kinder, sondern nur präzise kooperierende. Sie haben keine Wahl bei der Wahl ihrer

23. In der klassischen Aufstellungsarbeit heißt dieses Phänomen „unterbrochene Hinbewegung".

24. Giegerich: Neurosis. The Logic of a Metapysical Illness.

Symptome. Niemand trägt an diesen Vorgängen irgendeine Schuld, weder die Mutter noch das Kind. Niemand ist hier Akteur im Sinne bewussten oder vorsätzlichen Handelns. Hier handelt die kindlich-abhängige Liebe in Form der emotionalen Resonanz, um dem Kinde die besten Lebenschancen zu sichern. Hier handelt praktisch das Leben selbst.

Man kann dabei gut erkennen, dass Emotionen nicht unabhängig vom Körper auftreten, sondern Körper sind. Ein Kind *hat* keine Emotion, ein Kind *ist* die Emotion, d. h. der komplette kindliche Körper ist die Emotion. Die Emotion gestaltet den kindlichen Körper wesentlich mit, und zwar nachhaltig. Die zeitgenössische epigenetische Forschung beschreibt Phänomene, die in der Aufstellungsarbeit schon seit vielen Jahren bekannt sind. Sie zeigt im naturwissenschaftlichen Kontext, wie sich das, was wir erleben, bis in die Gene hinein in unserem Körper niederschlägt und sich dann mit jeder Generation immer wieder neu verkörpert.

Unsere Gene sind unter anderem auch chemisch kodierte Emotionen. Wie sonst sollen wir früheren Primaten über die Jahrtausende zu Menschen geworden sein, wenn nicht so, dass alles, was unseren Vorfahren äußerlich wie innerlich an Wesentlichem widerfahren ist, einen körperlichen Ausdruck finden konnte, also gestaltbildend wirkte? Wir sind die Verkörperung all dieser Widerfahrnisse.

Ich fasse zusammen: Während der Kindheit lernen wir zu fühlen. Mit unserer emotionalen Landschaft entwickeln wir auch die Liebe als ein Gefühl. Sie ist zuallererst Liebe zur

25. Siehe Nelles, Bewusstsein, S 148 ff.

Mutter.[25] Sie scheint bestimmten Mustern zu folgen, die sich schon vor der Kindheit, also im Mutterleib, zeigen lassen. Das ungeborene Kind im Mutterleib entwickelt Abläufe, die auf körperlicher und energetischer Ebene genau wie die fühlbare Liebe funktionieren. Sie bewegen sich jedoch unterhalb von Emotionen, lange bevor uns Gefühle als solche zur Verfügung stehen. Erst in der Kindheit wird die Liebe als Gefühl „erfunden". Später, wenn die Kindheit vorbei ist, findet die Liebe unbewusste Entsprechungen in unserem Denken. Darauf schauen wir nun im nächsten Kapitel.

3. Wie Jugend liebt. Die gedankliche Symbiose

Während ich zu schreiben beginne, habe ich Joe Satrianis „Flying in a blue dream" auf den Ohren, richtig laut, so dass ich komplett drin baden kann. Ein Meister, ein Gitarrengott, und ein bescheidener Mann. Wie liebt die Jugend? Vielleicht genau so: Voll die Dröhnung, einen Helden im Sinn und einen Traum. Traurig ist es auch irgendwie, eben „blue".

Ich merke, dass ich nun ohne Musik weiterschreiben muss. Ich will im Moment ja nicht *erleben*, wie die Jugend liebt, sondern meinen Abstand dazu *wahrnehmen*, damit ich Zeuge sein kann. Welches Verhältnis hat die Jugend als Lebensstadium und als inneres Erleben zu ihrer Umwelt, also auch zu sich selbst? Welche Abhängigkeiten bestehen noch, welche inneren Loyalitäten muss die Jugend ausbalancieren, welchen Lieben muss sie folgen? Was also will die Jugend? Was führt überhaupt zu so etwas wie „Jugend" als einem bestimmten Stadium der Liebe, als Lebens- und Bewusstseinsstufe?

Die elementare Bewegung der abhängigen Liebe: „Ich tue alles für dich, ohne auf meine Grenzen zu achten. Denn nur wenn es dir gutgeht, bin ich sicher, werde ich wachsen und gedeihen und nicht untergehen", hatte im Mutterleib und in der Kindheit immer ein klares Ziel: Dazugehören um jeden Preis, denn *nur dann bleibe ich am Leben.* Es wird deutlich: Der Maßstab der abhängigen Liebe ist der Tod bzw. die Vermeidung desselben („Liebe ist stark wie der Tod …"[26]). Kindliche Liebe wirkte daher stets klar und eindeutig, immer mit der Todesgefahr im Nacken.

26. Lutherbibel, Hoheslied 8,6.

Beim Eintritt in die Jugend verschwindet die kindliche Klarheit. Das hat befreiende und gleichzeitig verstörende Wirkungen, sowohl im individuellen als auch im kollektiven Zusammenhang: die kindliche Welt geht unter. Das Kinderzimmer ist für Jugendliche nicht mehr fraglos bewohnbar, die alten Poster und Puppen wirken peinlich, aber manches daran finden sie noch schön. Die Tradition vergangener Zeiten ist für die aufgeklärten Menschen des 21. Jahrhunderts ebenso wenig fraglos bewohnbar wie ein Kinderzimmer für Erwachsene. Aber manches an ihr finden sie noch schön.

Das zeigt sich auch daran, dass viele sie als Tradition „bewahren“ wollen oder gar erst als solche entdecken, wenn sie schon obsolet ist. So avanciert „Tradition“ zum Gegenstand der geistigen Denkmalpflege. Eine Lebenswelt wird zur Tradition, wenn sie vorbei ist, wenn sie aus sich heraus keine notwendige Rolle für den Alltag mehr spielt. Später, wenn das Vergangene, die Tradition bzw. die Kindheit zeitlich weit genug entfernt sind, werden sie zum Sehnsuchtsort, zu einem Ort außerhalb der momentanen Wirklichkeit, der einem erstrebenswerter erscheint als das, was eben grad ist. Auf diese Weise entsteht die Utopie, der Nicht-Ort.

Der Eintritt in die Jugend beendet die kindliche Klarheit. Dieser Bruch ist unvermeidbar. Das Leben schert sich nicht um Bedenken, Ängste, Moral oder was auch immer man seinem Fortgang entgegensetzt. Die Jugend muss, bei Strafe des Untergangs der menschlichen Art, mit der in ihr erwachten Sexualität umgehen, also mit einem nicht wirklich kontrollierbaren Trieb. Er vertreibt sie aus der Familie. Die Jugend wird von ihrem eigenen Körper damit konfrontiert, dass das sichere Dazugehören (gleichbedeutend mit „Unschuld“) nicht mehr genügt, um mit dem Leben mitzukommen. Stattdessen muss sich die Jugend von der primären Gruppe, der Familie, abwenden, um geschlechtliche Sexualität erproben und leben zu können (auch in ihren Vorformen wie Flirt, Freundschaft, erstes Verliebtsein usw.). In der Herkunftsfamilie ist für ihre Geschlechtlichkeit kein Platz, dort ist nur Raum für die Sexualität der Elterngeneration unter sich. Ihr sind die heute jugendlichen Kinder ja einmal entsprungen.

Mit dem Erwachen der Sexualität bekommt die bisher fraglose Ausrichtung des Kindes auf seine Eltern einen inneren Widerpart. Das Mädchen bzw. der Junge muss nun sein Ich von den Eltern weg- und zu sich hinnehmen. Die kindliche Hinbewegung zu den Eltern muss auf Drängen des Lebens eine Hinbewegung zu sich selbst werden. Mit nichts anderem ist die Jugend beschäftigt, das ist sozusagen ihr Job.

Daraus ergeben sich zwei gegensätzliche Entwicklungsaufgaben für die abhängige Liebe der Jugend, oder anders gesagt, ein in sich widersprüchlicher Entwicklungsraum. Die jugendlich-abhängige Liebe muss dem Kind, das sie einmal war, seine Zugehörigkeit zur Familie erhalten, es also unschuldig bleiben lassen. Gleichzeitig muss sie in ein eigenes Leben finden, um sich fortpflanzen zu können. Dazu muss sie unabhängig von ihrer Herkunft werden und die Familie verlassen. Damit jedoch würde sie die lebenswichtige Zugehörigkeit des Kindes aufgeben und das Kind, das sie einmal war und noch immer in sich trägt, dem Verlorengehen überlassen. Was nun?

Die jugendlich-abhängige Liebe ist erfinderisch: Im bewussten Erleben sucht sie nach Wegen, um ein autonomes Ich errichten zu können mit allem, was auch äußerlich dazugehört: beste Freunde, erste Peergroups, Sexualpartner, erfüllende Tätigkeiten,

Erfolge und Anerkennung, individuelle Wahlfreiheit, Selbstverwirklichung u.v.a.m. Im unbewussten Erleben dagegen nimmt sie die kindliche Umgebung „Familie", die sie verlassen will, mit sich mit, sie nimmt sie nach innen. Auf diese Weise hat sie sie künftig immer dabei, sozusagen zur heimlichen Orientierung. Sie macht daraus ein spiegelverkehrtes gedankliches Modell, ein rationales Konzept.

So sorgt sie dafür, dass das Kind, das sie einmal war, weiterhin emotional dazugehören darf, also nicht in Lebensgefahr kommt. Sie hat die familiäre Umgebung des Kindes mitsamt dem Kinde selbst ja nun im Kopf. Außerdem kann sie auf diese Weise dieses „innere Kind" vor weiteren Verletzungen jener Art schützen, die das prinzipielle Ausgeliefertsein an die Familie mit sich gebracht hatte, etwa Grenzüberschreitungen, nicht gesehen werden, zu viel Verantwortung, Überlastung, das Gefühl, nicht geliebt zu werden. Die jugendlich-abhängige Liebe umgibt das innere Kind mit einem Schutzwall aus Vorstellungen vom eigenen Leben und nimmt es gut darin verpackt mit auf die Lebensreise.

Das Ziel dieses völlig unbewussten Vorgangs ist das autonome „Ich", ein selbstbestimmtes Leben, modern ausgedrückt „die Individuation". Natürlich weiß in diesem Stadium niemand, wer oder was das eigentlich ist: „Ich". Nur eines wird klar: Das Kind wächst sich aus. Es wird ein Mann oder eine Frau, es *ist* ab jetzt nur noch als männliches oder weibliches Wesen.

Auf der rein körperlichen Ebene war das schon immer so, es hatte aber noch keine primär identitätsstiftende Funktion. Die sexuelle Identität (nicht zu verwechseln mit der Idee vom *Gender* als dem „sozialen Geschlecht") tritt jetzt in die erste Reihe. Sie lässt sich mit nichts in der Welt zurückdrängen. Der geschlechtsgebundene Fortpflanzungstrieb ist jene Seite des menschlichen Überlebenstriebes, welche sich auf unsere Art als Ganzes bezieht. Er lässt sich ebenso wenig beruhigen wie der Überlebenstrieb.

Erstaunlicherweise gibt es Ausnahmen, und zwar von beiden Seiten des Überlebenstriebes. Es sind immer Ausnahmen zugunsten von etwas, das in der jeweiligen Bewusstseinsstufe als wichtiger erscheint als das eigene Überleben bzw. die Fortpflanzung. Es sind Ausnahmen aus unbewusster Liebe zu denen, von denen man (subjektiv) abhängig ist. Man sagt zu ihnen innerlich und unbewusst: „Lieber sterbe ich als du", oder: „Ich folge dir". Dann bringt man diesen Satz in die äußere Wirklichkeit, etwa mit Hilfe einer Sucht, einer tödlichen Krankheit oder des Suizids. Ich habe in der Begleitung von Hinterbliebenen und in der Aufstellungsarbeit oft den Eindruck gewonnen, dass Menschen, die sich selbst das Leben nehmen, in einer solchen Dynamik der abhängigen Liebe gefangen sind.

Ich habe auch immer wieder gesehen, wie Menschen bewusst auf leibliche Kinder verzichten. Die Aufstellungen dazu zeigen, wie sie sich innerlich mit dem ohnmächtigen und ausgelieferten Kind verwechseln, das sie selbst einmal waren. Sie schützen ihr „inneres Kind" dadurch, dass sie weiteren Kindern ähnlich vernichtende Erfahrungen ersparen, indem sie sie nicht bekommen. Hier versagt sich die jugendlich-abhängige Liebe die Weitergabe des Lebens, um der Erinnerung an ohnmächtiges Leiden in der eigenen Kindheit treu bleiben zu können. Wenn trotz bewusster Bereitschaft für leibliche Kinder keine kommen wollen, lohnt es sich oft, auch nach solchen unbewussten Loyalitäten der eigenen abhängigen Liebe zu schauen.

Die abhängige Liebe im rationalen Modell

> „Er ist nur mal kurz durch mein Zimmer geflogen, da wurden die Poster blass. Da wusst' ich, die haben schon immer gelogen, und gab sie dem Ofen zum Fraß."
>
> Tamara Danz und Gerhard Gundermann,
> „Silly": „Paradiesvögel", Album „Februar", 1989

Die Jugend muss sich von der Familie lösen. Ihr Fühlen wird, wie beschrieben, von zwei gegensätzlichen Lebensaufgaben überfordert („Dazugehörenmüssen" und „Wachsenmüssen"), die je für sich unausweichlich sind. Die Emotionen bieten keine klare Orientierung mehr. Toll wäre jetzt ein inneres Werkzeug, das den Emotionen zu Hilfe käme. Am besten eine neue Weise, mit sich selbst und der Umgebung in Resonanz zu sein. Am allerbesten wäre ein Werkzeug, das mehr Kontrolle ermöglichte als es das Fühlen gestattet. Dieses Werkzeug ist schon lange da. Es ist das Denken, also das rationale Modell der Wirklichkeit. Aber erst in der Jugend wird es zum Hauptinstrument der inneren wie der äußeren Orientierung. Es verspricht, sich im Vergleich zum emotionalen Modell der Wirklichkeit wesentlich besser im Leben zurechtzufinden und Ordnung ins Chaos zu bringen. Wir fühlen nicht mehr nur, sondern wir reflektieren, was wir fühlen. Wir beginnen, uns auf das zu verlassen, was wir mit unserem Verstand begreifen können. Hier entsteht der Dauerkonflikt zwischen „Herz" und „Kopf", scheinbar jedenfalls. In Wirklichkeit findet er woanders statt, das werden wir gleich sehen.

Die Jugend und das Kind haben einen gemeinsamen „Angstgegner", der sich mit nichts kontrollieren lässt: Das Leben, *„mit* dem wir geboren werden“[27], das Selbst, diese vom Leben in sie hineingelegte Vision, Lebendigkeit oder Berufung. Fast jedes Kind hat sich in seiner Lebendigkeit an der einen oder anderen Stelle kontrollieren und einschränken müssen, um in seine Familie zu passen. Dabei erlebte es sein Selbst, seine innere Lebendigkeit, als eine Art gefährlichen Störsender, der ständig dazwischenfunkt. Das Selbst bringt in dem Kind verschiedene Regungen, Begabungen, Wahrnehmungen oder Handlungen hervor, die es aus seiner subjektiven Sicht um den sicheren Platz in der Familie bringen könnten. Sie werden daher aus kindlich-abhängiger Liebe zur Umgebung unterdrückt. Das Kind kontrolliert sich dabei weit unbarmherziger und nachhaltiger, als es jede Erziehungsmaßnahme von außen schaffen könnte. Denn es geht um sein Überleben.

Die Jugend muss nun zusätzlich zu sich selbst (inklusive ihrer frisch erwachten Sexualität) noch ihre Umgebung kontrollieren, damit diese mit ihrem rationalen Modell des „Ich“ und damit auch ihrer Welt zusammenpasst. Das macht jede junge Generation anders, oft unbarmherzig und gleichzeitig kreativ. Die Jugend als innerer Erlebnisort ist immerfort damit beschäftigt, der Familie ihrer Kindheit mittels fortgesetzter Unterscheidungen etwas Eigenes entgegenzusetzen. Auf diese Weise lernt sie, gedanklich zu reflektieren und das Gegebene immer weiter zu hinterfragen. Bei der Reflexion lernt sie den Gebrauch der Vernunft, auch wenn vieles, was dabei entsteht, von außen eher unvernünftig aussieht. Der Versuch, ein eigenes autonomes Ich samt passendem Lebensmodell zu entwerfen und in die Tat umzusetzen, ist allgemein bekannt als „Selbstverwirklichung“. Dabei handelt es sich um ein Missverständnis, denn das „autono-

27. *Hillmann, S. 28.*

me Ich“ ist nur ein Modellselbst, aber das ist unvermeidlich. Die Jugend kann noch nicht wissen, dass sie schon immer etwas Eigenes hat, eben ihr je einmaliges und einzigartiges Selbst, welches Anker und Horizont für die Selbstliebe ist. Das Selbst meldet sich immer wieder, aber die Jugend erkennt es nicht. Sie erlebt es vielmehr ähnlich dem Kind als einen inneren Störsender, noch verwirrender als die Wirkungen der Sexualhormone. Damit wird die innere Vision zum Sicherheitsrisiko Nr. 1 beim Errichten des autonomen „Ich“. Der wirkliche Konflikt zwischen „Kopf und Herz“ in der Jugend tobt zwischen der abhängigen Liebe „im Kopf“ und der Selbstliebe „im Herzen“.

Die einmal erwachte Sexualität zwingt uns in der Konsequenz, uns gegen die Stimmen des Selbst und die unserer Herkunft zu wehren. Sie drängt uns zur permanenten Suche, fort von dem, was die Herkunftsfamilie (bzw. die Tradition) über uns gesagt hatte und immer noch sagt. Denn das, was dort für uns galt, hatte uns möglicherweise damals gezwungen, weit über die kindlichen Grenzen hinweg Verantwortung zu übernehmen, uns zu opfern und zu verleugnen. Es hat uns leiden lassen. Dass es uns auch bis hierher hat wachsen lassen, weiß die Jugend nicht, kann sie noch nicht wissen.

Die Jugend kämpft (und liebt) also an mindestens zwei Fronten: An der einen Front (Lösung von der Herkunftsfamilie) findet sie Verbündete, an der anderen (inneres Selbst, innere Vision, Berufung) ist sie allein. Die Verbündeten gegenüber der Herkunftsfamilie heißen Peergroups, Ersatzfamilien, Freunde, Liebespartner u.a.m. Sie dienen als alternative Umgebungen, zu denen die Jugend Zugehörigkeit (und damit Sicherheit vor dem Verlorengehen und dem Tod) entwickeln kann. Ohne sie würde ihr die Kraft fehlen, sich zu lösen.

Daran kann man sehen, dass das Ich-Bewusstsein ein spiegelverkehrtes oder negatives Gruppenbewusstsein ist, eine Umkehrung der kindlich-abhängigen Liebe. Es versucht nun mit gedanklichen Mitteln, die von der erwachten Sexualität verhängte Komplexität der Welt zu bewältigen und zu beherrschen.

Ein Mann meines Alters erzählte mir etwas ratlos von seinem Sohn, einem Zwanzigjährigen. Der wäre nun ausgezogen, und seine Wohnungseinrichtung sei eine exakte Kopie dessen, wie es bei ihm selber aussähe. Er würde überhaupt alles so machen wie seine Eltern, die gleiche Musik hören, die gleichen Filme gut finden, sogar die gleiche Partei wählen. Er meinte ganz verzweifelt: „Ich warte noch immer auf seine Pubertät. In seinem Alter waren wir die Rebellen, wir haben jede Regel gebrochen, uns von niemandem etwas sagen lassen und nur getan was wir wollten. Wir haben sie alle wahnsinnig gemacht!"
Ich fragte ihn: „Die Angepasstheit deines Sohnes macht dich wahnsinnig, oder?" „Genau, wann rebelliert der endlich!"
Ich schlug ihm vor: „Schau, du erwartest von ihm Rebellion. Er rebelliert, indem er dir die Rebellion verweigert und sich deinem Lebensstil völlig anpasst. So tut er genau das, wozu die Pubertät da ist. Und er erreicht sein Ziel: Es macht dich wahnsinnig."

Sieben Verbündete der Symbiose

Zur Bewältigung der neuen Unübersichtlichkeit sucht sich die abhängige Liebe jugendlicher Menschen geeignete Bezugspunkte:

1. Die Peergroups (in ihrer Funktion als erweiterte Alternativfamilien oder Gegenbilder zur primären Gruppe, der Herkunftsfamilie).

2. Die erste Liebe bzw. der erste Sexualpartner (in der Funktion als Projektionsfläche für ungesehene Kindheitswunden, als Kanal zur Erfüllung des Fortpflanzungstriebs, als Raum zur Erprobung und Einübung selbstbestimmten „Ich“seins).

3. Die beste Freundin oder der beste Freund (als „Wächterkollege mit ähnlichem Auftrag und ähnlichen inneren Wunden“, Spielgefährte und Seelenverwandter bzw. erster Zeuge des originären Selbst, der inneren Vision).

4. Die selbstbestimmte, nicht entfremdete Tätigkeit oder auch Arbeit, mit deren Hilfe das eigene Leben wirtschaftlich in die Gänge kommen kann.

5. Die Herkunftsfamilie als physisch vorhandene äußere Realität (das, was sich überlebt hat und daher verlassen werden muss, woran man aber gebunden bleibt, indem man ihm folgt, wenn auch in der Umkehrung, also im Hinterfragen und in der Ablehnung).

6. Das Kind als jene innere Realität, die man in der Familie einmal war und die nun vor weiteren Ohnmachtserfahrungen geschützt werden muss (die Erfahrungen des „inneren Kindes“ liefern den Auftrag für das „Wächteramt“ der Jugend).

7. Das ungeborene Kind als jene innere Realität, die man in seiner Mutter einmal war und die ebenfalls nach „Gesehen werden“ verlangt (dessen Anpassungsleistungen im Mutterleib bringt man nun unwillkürlich ins Leben und hält sie für die eigene Identität, etwa in Form eines bestimmten Grundgefühls).

Diese Aufzählung ist nach zunehmender Unbewusstheit geordnet.

Sieben Tätigkeitsbereiche für die jugendlich-abhängige Liebe! Wer soll sich da zurechtfinden? Mit gutem Recht könnte man die Jugend als permanente Dauerkrise beschreiben, nach dem Motto: Das Alte macht keinen Sinn mehr, und das Neue ist noch nicht erschienen. Die jugendlich-abhängige Liebe glaubt fest daran, mit Hilfe des Denkens sich und die Welt erkennen und in ihre eigene Ordnung bringen zu können. Sie glaubt, dass sie bereits unabhängig sei, indem sie sich vom Überkommenen wegbewege. Sie geht den Weg der Verneinung. Sie glaubt an die Autonomie, also an die Erlösung aus den Leiden und Begrenzungen der Kindheit bzw. der Tradition, aus der „selbstverschuldeten Unmündigkeit" mit Hilfe des rationalen Verstehens.

Das Denken als offizielles Instrument der sich dabei entwickelnden Bewusstseinsstufe ist mit dieser Aufgabe überfordert, es ahnt jedoch nichts davon. Keine Bewusstseinsstufe erkennt sich selbst. Das Ich-Bewusstsein als dritte Form der abhängigen Liebe erzählt sich selber die Geschichte von der Vernunft als einer guten ordnenden Kraft. Gleichzeitig sehnt es sich nach authentischen Gefühlen (wie sie es aus der Kindheit erinnert). Obendrein sucht es nach etwas wie friedvoller Einheit mit der eigenen Körperlichkeit, d.h. mit der physisch vorhandenen Welt (wie damals im Mutterleib), freilich ohne sie zu finden.

Die jugendlich-abhängige Liebe oder *die symbiotische Liebe dritten Grades* ist im Grunde nichts als eine Suche nach sich selbst in den genannten sieben Lebensbereichen. Sie *ist* die Suche, etwas anderes gerät nicht in ihren Horizont. Sie ist der immerwährende Kampf, mit sich selbst, mit anderen, mit der Welt, für das Optimum, gegen die Schwäche, gegen das Unrecht, für das Gute, gegen das Böse, für oder gegen was auch immer. Sie *ist* die möglichst umfassende Kontrolle dessen, was ist, innen wie außen.

Etwas anderes ist der jugendlich-abhängigen Liebe nicht möglich, ohne sofort in das Gefühl von drohender Vernichtung zu fallen. Warum?

Sie muss unter allen Umständen verhindern, dass jemals wieder eine solche Ohnmacht eintreten kann, wie sie es von der kindlichen Abhängigkeit in Erinnerung hat. Das Ich-Bewusstsein entsteht daher als die gedankliche Form der abhängigen Liebe. Es existiert nur als eine Vermeidungsbewegung, als eine Bewegung „weg von ...", eine Bewegung der Trennung, ohne sie jedoch tatsächlich zu vollziehen.

Die Peergroup und die Liebe zu ihr

Junge ...

Und wie du wieder aussiehst – Löcher in der Hose, und ständig
dieser Lärm! (Was sollen die Nachbarn sagen?)
Elektrische Gitarren, und immer diese Texte –
das will doch keiner hörn! (Was sollen die Nachbarn sagen?)
(...)
Wo soll das alles enden? Wir machen uns doch Sorgen ...
Und du warst so ein süßes Kind
Du warst so süß

Und immer deine Freunde, ihr nehmt doch alle Drogen –
und ständig dieser Lärm! (Was sollen die Nachbarn sagen?)
Denk an deine Zukunft, denk an deine Eltern –
willst du, dass wir sterben?

Farin Urlaub,
„Die Ärzte", Album: „Jazz ist anders", 2007.

„Die Ärzte“ besingen mit präziser Übertreibung einen jugendlichen Punk und seine Freunde aus der Sicht der ratlosen Eltern.

„Deine Freunde“ finden sich zusammen als Peergroup oder Freundeskreis. Sie umfasst üblicherweise Menschen aus der gleichen Generation. In der Peergroup können wir uns ausprobieren, sozial interagieren, dazugehören, unsere Vorstellungen von der Welt, von unserer Aufgabe in der Welt, vom Glück usw. umsetzen. Außerdem können wir jede Menge Spaß haben: Es ist wie Zuhause, nur dass man hier alles darf, was dort verboten war. Wenn ich anschaue, was unsere Liebe zur Peergroup dort innerlich sucht, stoße ich sofort auf die primäre Gruppe, auf die Familie, auf jenes „Zuhause“, dem ich doch entfliehen wollte. Wenn ich noch genauer nachschaue, begegne ich der Mutter. Sie war unser erstes Gehäuse, „das Zuhause an sich“. In der Peergroup suche und liebe ich die Mutter, jedoch ohne die damit verbundenen Ohnmachtserfahrungen, die ich wie jedes Kind mit der Mutter durchlebt habe. Im Leiter der Gruppe, im Wortführer, Alphamännchen oder „Presi“ suche und liebe ich den Vater, jedoch ohne die damit verbunden Ohnmachtserfahrungen, die ich wie jedes Kind mit dem Vater machen musste.

Jede Gruppe aktualisiert und entfaltet unsere früheste Erfahrung mit oder besser gesagt in der Mutter. Unser Körper bzw. sein nach innen gekehrter Spiegel, die Seele, sucht und findet in jeder Gruppe die Mutter. In der Gruppe buchstabieren wir uns durch unser vorgeburtliches und unser kindliches Erleben mit der Mutter, und darin durch alle früheren Stufen der abhängigen Liebe, von der frühesten und totalsten im Mutterleib über die verschiedensten Erfahrungen der Kindheit bis hin zur aktuellen Gegenwart. Wir durchwandern die verschiedenen Stadien der Symbiose.

Wir tun das, indem wir sie mit Hilfe verschiedener Gruppen-Engagements, eben verschiedener Peergroups, aktualisieren und immer neu inszenieren. Wir suchen also andere Gruppen, um von der primären Gruppe, der Familie, loszukommen. Dabei finden wir unwillkürlich genau das, was wir doch hinter uns lassen wollen. Jede abhängige Liebe, die sich in eine Gruppe einzupassen versucht, hat ihren Resonanzpunkt in der primären Gruppe, genauer gesagt bei der Mutter. Jede abhängige Liebe, die sich ein Idol, einen Helden, eine Autorität, einen Gruppenleiter, sucht, hat ihren Resonanzpunkt beim Vater.

Noch allgemeiner gesagt: Jede Gestalt der Liebe, welche nach Zugehörigkeit sucht, gehört untrennbar zum Gruppen- bzw. Wir-Bewusstsein, also zur Kindheit. Jede Gestalt der Liebe, welche nach Einheit sucht, gehört untrennbar zum Symbiotischen Einheitsbewusstsein, also in den Mutterleib. Beides suchen wir in der Peergroup. Neu ist daran nur, dass wir uns äußerlich von der primären Gruppe, der Familie, und von unserem ersten Gehäuse, der Mutter abwenden. Neu ist auch das Ziel: unser „Ich". Die Mittel sind immer noch die der Kindheit und der Zeit im Mutterleib. Sie sind nur mittels des Denkens um 180 Grad nach außen gedreht. Von daher ist jede Gruppe eine Illusion.

Die erste Liebe bzw. der erste Sex

Er wusste nicht, wie er beginnen sollte. Sie traute sich auch nicht. So liefen sie ratlos Hand in Hand durch die Gassen, immer um denselben Block. Stunde um Stunde. Es regnete, es wurde dunkel. Plötzlich blieb sie abrupt stehen, drehte ihn zu sich herum und hielt ihm ihr Gesicht entgegen. Ihm blieb praktisch nichts anderes übrig, als sie zu küssen, ihren Mund, ihre kalte Nase, ihre Augen. Er staunte, wie gut sie schmeckte. Ihr Duft machte ihn behutsam und unerbittlich zugleich. Sie jubelte innerlich und fragte sich gleichzeitig, ob ihre nassen Haare nicht schrecklich aussehen würden. Er dachte daran, dass seine Eltern erst in zwei Stunden wieder heimkommen wollten. Zwei Stunden!

Wir überlassen das junge Paar sich selbst und dem Grad ihres Wagemutes. Hier geht es um Hormone, um Sex und alles was dazugehört. Also um etwas total Gegenwärtiges. Sex kann wie alles Körperliche nur im gegenwärtigen Moment stattfinden. Oder? Nun, ich kenne keine Jugendlichen, die Sex ohne weitere Vor- und Überbauten als das nehmen, praktizieren und genießen können, was er ist: SEX, also die überaus lustvolle, tröstliche und körperlich-seelische Umsetzung unseres Überlebensverlangens nach Fortpflanzung, die körperliche Seite der Urkraft Liebe. Darin ist SEX die immer neue Vollendung dessen, wozu unsere Körper auch gemacht sind: zusammenkommen, sich im Gegenüber, im ganz Anderen finden, und lustvoll entspannen. Einfach so.

Sobald die Hormone ihre Arbeit richtig begonnen haben und den kindlichen Körper eines Mädchens bzw. eines Jungen in einen geschlechtsreifen weiblichen bzw. männlichen Körper verwandeln, kommen die Schwierigkeiten. Plötzlich wird aus dem „süßen Kind“ eine Frau bzw. ein Mann. Das Kind geht verloren. Es verschwindet einfach, zumindest in seiner äußeren Gestalt. Was für das Kind galt, wird dabei zunichtegemacht. Der erste Sexualpartner ist normalerweise erst möglich mit Hilfe der von den Sexualhormonen eingeleiteten Zerstörung des Kindlichen.

Die hormonellen Wirkungen konkurrieren mit nahezu allen während der Kindheit geltenden Regeln, vor allem unterlaufen sie den Schutzauftrag der Jugend für das Kind, das man einmal war. Er verlangt, wie wir gesehen haben, eine möglichst umfassende Kontrolle, damit es nicht wieder verletzt werde. Unter dem Einfluss der Sexualhormone wird die sich wandelnde Physis samt dem begleitenden Gefühlschaos jedoch zu etwas schlichtweg Unkontrollierbarem. Was tun?

Das Jugendbewusstsein lernt mit den Jahren, sein eigenes Kontrollverhalten zu kaschieren. Die Überflutung des öffentlichen Raums mit Sex in offenen Gesellschaften, wie unserer etwa, ist aus meiner Sicht ein jugendlicher Kontrollversuch, ein Bildersturm zur Eindämmung der unbeherrschbaren eigenen Physis. Das Ich-Bewusstsein versucht, ins Außen zu verbannen, was sich im Inneren nicht bannen lässt. Dieser Bildersturm findet auf derselben Ebene statt wie sein Gegenteil: Die kindliche Verbannung von Sex aus nahezu allen Lebensvollzügen, wie sie in geschlossenen Gesellschaften noch immer üblich ist.

Angesichts der Übermacht der sexuellen Naturkräfte, die der oder die Jugendliche in sich spürt, kann er oder sie nicht etwa auf diese Kräfte selbst schauen und sich direkt von ihnen leiten lassen. Das wäre als totaler Gegensatz zum kindlichen Lebensgefühl in der Familie viel zu bedrohlich. Er oder sie schaut daher auf das, was damals galt, entweder um ihm zu folgen oder um es zu übertreten und damit zu negieren. Es bleibt aber immer der innere Maßstab, ohne Ausnahme. Damit sind wir wieder bei der Symbiose, also der inneren Verwechslung mit dem Leben im „Damals“.

„Damals“ ist auch in diesem Fall die primäre Gruppe, d.h. die Mutter, aus der die primäre Gruppe aus Sicht des Kindes ja hervorging. „Damals“ ist auch hier das Bild bzw. der innere Film der

Mutter, welcher sich über die aktuelle Erfahrung der eigenen sexuellen Kraft legt. Junge Männer zum Beispiel reagieren dann eben nicht direkt auf ihre frisch erwachte sexuelle Kraft, sondern auf ihr inneres Bild der Mutter in Verbindung mit ihrem sexuellen Mannsein. Das Gleiche gilt für Mädchen und ihr inneres Bild des Vaters, und überkreuz ebenso.

Alles, was den jungen Mann/die junge Frau von heute damals geprägt hat plus alle Erfahrungen der Eltern mit ihrer Sexualität plus alle wesentlichen Erfahrungen von deren Eltern und Vorfahren mit Sexualität, in die sich der junge Mann/die junge Frau damals als Ungeborenes eingespürt hatte, die er/sie zum Teil sogar direkt verkörpert, legen sich zwischen diese jungen Menschen und ihre drängende, ursprüngliche Sexualität. Bei ihnen finden sie Halt der neuen Kraft gegenüber, ihnen bleiben sie treu. Denn sie sichern auch angesichts der nagelneuen eigenen Sexualität die Zugehörigkeit zur Herkunft und die Treue zu den Kindern, die sie bis vor kurzem noch waren.

Das bedeutet: Die jugendlich-abhängige Liebe in Gestalt des sich Verliebens ist in der Tiefe nicht auf die Gegenwart und das gegenwärtige „Liebesobjekt" bezogen, sondern auf die Familie, die man als Kind erlebt hat, ebenso wie auf die Mutter, die man als Ungeborenes von innen her kannte. Die jugendliche Liebe bezieht sich im Gehorsam wie in der Übertretung auf das Vergangene. Sie muss dies tun, um angesichts ihrer frisch erwachten sexuellen Naturkräfte die Kontrolle behalten zu können, um die Angst vor der Hingabe, vor dem: „Ich gehe darin unter", im Zaum zu halten. Ein wunderbar präzises Lied dazu stammt von der Jazzsängerin Lizz Wright:

28. Wilfried Nelles während eines LIP-Kurses, Nettersheim 2012.

When I fall
I want to be wild and bold enough to run with you
I want to skip time lay the hours aside and stay with you
But oh if I look down now, will I fall
And what if the water's cold, when I fall
I want to be still and quietly say, I'll lay with you
I wish I were brave and sure today to pray that it's you
But oh if I look down now, tell me will I fall
And what if the water's cold, when I fall, when I fall,
when I fall

Craig Street, Lizz Wright, Toshi Reagan, Album „The Orchard", 2008

Ich will wild und mutig genug sein, um mit dir davonzurennen
ich will die Zeit überspringen -
die Stunden anhalten und bei dir sein,
aber wenn ich jetzt herunterschaue, werde ich fallen?
Und was ist, wenn das Wasser kalt ist, wenn ich falle?
Ich will still sein und leise sagen, ich werde mich zu dir legen.
Ich wünschte, ich wäre heute mutig und sicher und bete,
dass du es bist, mein Liebster.
Aber wenn ich jetzt herunterschaue, werde ich fallen?
Und was ist, wenn das Wasser kalt ist, wenn ich falle ...?

Übersetzung: Henning Olschowsky

Die jugendlich-abhängige Liebe wendet ihre Bezogenheit auf das Vergangene und ihre Angst vor der Hingabe nach außen. Was sie z. B. von Seiten der Mutter vermisst hat, etwa an Geborgenheit oder Verständnis, versucht sie nun von der oder dem Liebsten zu bekommen. Oder von der Gruppe, oder von der Arbeit, oder von einer Sucht. Wilfried Nelles hat einmal treffend gesagt, Sucht bedeute: „Mama, ich suche dich überall!"[28]

Was jugendlich-abhängige Liebe in ihrer Erinnerung an die Kindheit von Seiten des Vaters vermisste, etwa an Sicherheit oder Anerkennung, sucht sie nun selbst in der Leistung, im Erfolg, in der Optimierung des eigenen Körpers oder des Lebensumfeldes. Was sie an der Mutter nicht hat retten können, das rettet sie nun an anderen oder gleich an der ganzen Welt. Was sie dem Vater nicht hat abnehmen können, das nimmt sie nun auf sich, und wird vielleicht wieder Soldat oder Säufer oder Gewalttäter. Was das frühere Kind an Übergriffen, welcher Art auch immer, von Vater oder Mutter her erlitten hat, wird nun mit allen Mitteln geschützt, besonders in der intimsten Nähe, der Sexualität.

Die unbewusste jugendlich-abhängige Liebe sucht „in der Liebe" die Nähe, die sie in der Erinnerung an die Kindheit vermisst. Gleichzeitig muss sie die Nähe meiden, wenn sie Nähe in bedrohlicher Erinnerung hat. In dieser Paradoxie bleibt sie gefangen. Das Denken als Sortier-, Orientierungs- und Entscheidungsinstrument, als Haupt-Resonanzkanal mit der Welt und mit sich selbst, funktioniert auch hier nur bedingt, bis es irgendwann gar nicht mehr geht. Wieso eigentlich?

Vom Denken

Es war noch dunkel, er lag wach, schweißgebadet, mit kalten Händen. In wenigen Stunden würde alle Welt erfahren, dass er ein Schwindler war. Nachher, um neun Uhr, begann die Fahrprüfung. Sein zweiter Versuch. Er konnte nichts, da war er sicher. Er hatte wohl schon mal in Autos gesessen und, ja, sie waren auch gefahren, aber d e r V e r k e h r ! Die Verkehrszeichen! Rechts und Links! Die genervten Gesichter! Er spürte, wie er zitterte. Er musste dringend aufs Klo, außerdem war ihm schlecht. Um seinen Haarkranz begann sich ein Ring aus Kopfschmerzen zu bilden. Vielleicht sollte er etwas essen, aber er brachte nichts hinunter.

Die dem Denken vorausgehenden Resonanzkanäle wie „körperliches Spüren“ und „emotionales Fühlen“ verschwinden nicht, wenn wir denken. Sie sind die Fundamente unseres Kontaktes zur Welt. Sie bauen aufeinander auf, sie bleiben ohne Pause in Aktion. Mit jedem Gefühl, das uns zuwächst, das wir lernen zu fühlen und auszudrücken, ist eine innere Körperempfindung, eine Sinneswahrnehmung, ein körperlicher Status verbunden. Darauf baut das Fühlen schließlich auf. Beim Erlernen des Denkens geschieht dasselbe: Jeder Gedanke verbindet sich unbewusst mit einem Gefühl und gleichzeitig darüber mit einem körperlichen Status, einer Sinneswahrnehmung.

Reines Denken gibt es nicht. Das Denken ist transformiertes Fühlen. Es transformiert das emotionale Modell vom Dasein in ein rationales, denkbares und damit verstehbares Modell. Dabei kommt die größte Leistung der jugendlich-abhängigen Liebe ins Spiel: Wenn das Denken als Werkzeug zur Unterscheidung der verschiedenen Gefühlslagen funktionieren soll, muss es sich verselbständigen. Dazu tritt es in den Schatten unserer Wahrnehmung. Wir bemerken es nicht mehr, mit anderen Worten, wir verwechseln uns mit ihm. Nur dann eignet es sich als wasserdichtes Instrument zur Trennung von der kindlichen Familie. Es bestärkt sich darin mit seiner Erzählung von den Segnungen der Vernunft und der Wissenschaft. Seit der Aufklärung ist es damit beschäftigt. Das Denken „im Schatten unserer Wahrnehmung“ hat die beeindruckende Fähigkeit, etwas Gedachtes für uns selbst auszugeben und für „Ich“ zu halten. Der Philosoph Descartes lieferte für diese Verwechslung die Schlagzeile mit seinem Satz: „Ich denke, also bin ich.“ „Ich denke, also bin ich“, zeigt, wie das

Denken mit sich selber eine Form von Symbiose eingeht. Damit baut die abhängige Liebe der kindlichen Symbiose ihren letzten Schutz vor dem echten Alleinsein in der Welt.

Das Denken schiebt uns genau dasjenige Konzept (Modell) vor, eine reale Situation, welches aus seiner Sicht früher einmal zu solchen Umständen gepasst hätte, und verkauft uns sein Modell als das wirklich wahre Leben. Meistens nehmen wir es mit Dank. Diesen Trick des Denkens nenne ich „Identifizierung". Mehr dazu erfahren Sie im dritten Teil des Buches. Ich sage hier nichts gegen die Wissenschaft und gegen klares Denken. Ich mag beides sehr. Viele Ergebnisse der gedanklich-wissenschaftlichen Arbeit erleichtern den Alltag ungemein, und zwar von den äußeren Umständen her. Er ist sicherer, gesünder und angenehmer geworden. Ich zeige jedoch, dass das Denken selbst uns gefangen nimmt, solange wir uns mit ihm verwechseln, also unsere Vernunft für uns selbst halten.

Nahezu alle Menschen, die als Klienten zu mir kommen, kennen ihre Probleme recht genau. Sie haben sie oft hundertfach durchdacht, aber sie finden nicht heraus aus ihnen. Das Denken und die von ihm etablierten Welt- und Selbstbilder bleiben immer Teil des Problems, oft sogar der entscheidende Teil.

Das Denken versucht, die damals erlebten körperlichen Sensationen (Ungeborenes) und die damals erlebten Gefühle (Kindheit) samt der mit ihnen verbundenen Umstände neu zu konstruieren. Damit versucht es, jene Umstände, welche es als gedeihlich erinnert, möglichst oft wieder zu inszenieren. Umgekehrt versucht es, jene Situationen, welche es als vernichtend erinnert, in Zukunft zu vermeiden. Das Denken funktioniert deduktiv, es leitet also seine Prämissen aus den Gefühlen und den ganzkörperlichen Sinneswahrnehmungen, dem Spüren, ab. Es erarbeitet sich damit ein unfassbares Arsenal von Überlebensmodellen, mit denen wir Menschen die Ausbreitung unserer Art recht erfolgreich gesichert haben. So viele wie jetzt waren wir noch nie.

Gleichzeitig verfehlt dieser Mechanismus sein Ziel. Konflikte, Krisen und Symptome treten immer dann auf, wenn die inneren Modelle des Lebens nicht mehr mit dem wirklichen, im Moment tatsächlich stattfindenden Leben übereinstimmen. Wir leiden genau dann, wenn unsere Konzepte dem realen Leben im Wege stehen. Anders gesagt, wenn unser „Damals" dem „Jetzt" die Show stehlen will. Solange wir die inneren Modelle des Lebens vor dem realen Leben schützen, geschieht dies zulasten der eigenen Lebendigkeit und Lebensenergie.

Das reale Leben zeigt sich immer in der Wahrheit des Augenblicks (es zeigt sich übrigens nur dort). Die inneren Lebensmodelle halten dem, was sich dort zeigt, früher oder später nicht mehr stand. Der inneren Lebendigkeit etwa ist es gleichgültig, für wen wir uns selber halten. Sie wird sich durchsetzen. Sie ist schließlich unsere Natur, unsere Lebensmelodie, unsere Vision oder Berufung.

Auch das Premium-Modell des eigenen Selbst, das voll individualisierte autonome Ich mit seinem Eindruck von Integrität und der Überzeugung, zu wissen, wer man ist, hält unserer inneren Natur irgendwann nicht mehr stand. Es bekommt bei jedem Kontakt mit der Realität dünne Stellen. Das Ich kann einem immer nur sagen, wer man nicht ist. Es erbaut sich aus den Erinnerungen daran, auf welche Weise man in den Zeiten der abhängigen Liebe überlebt hat, also im Mutterleib und in der

Kindheit. Das Ich ist ein lebensnotwendiges Produkt der Symbiose. Es gilt nur so lange wie die Symbiose selbst, also nur so lange, wie man tatsächlich abhängig ist von der Umgebung, aus der man kommt.

Das Ich hat daher eine paradoxe Doppelfunktion: Es hilft, der Symbiose und der äußeren Abhängigkeit zu entwachsen, gleichzeitig hält es uns innerlich darin fest. Ich-stärkende Therapie etwa greift daher für Menschen jenseits der Jugend zu kurz. Sie kann Jugendlichen nach der Kindheit helfen, den Entwicklungs-Job ihrer Lebensstufe zu Ende zu bringen und ein autonomes Ich zu gewinnen. Danach jedoch führt sie ins Nichts. Im Erwachsenenalter (jenseits der dreißig) geht es darum, das autonome Ich als ein Produkt des „Damals" zu durchschauen, als eine Fata Morgana der abhängigen Liebe, und es wieder sein zu lassen. Dann kann es seinen phantastischen Job zu Ende verrichten: uns ungeschützt und allein in unser wirkliches Leben zu entlassen, in den Augenblick, in das „Jetzt".

Vorher schauen wir darauf, wie sich die Liebe in ihren ersten drei Stufen auswirkt, wenn mehr als zwei Menschen zusammenkommen.

4. Die kollektive Seite der symbiotischen Liebe

Bisher lag der Fokus vor allem auf den Wirkungen der unbewussten Liebe bei einzelnen Menschen. Aus dem Individuellen entsteht jedoch auch ihre kollektive Seite. Die kollektiven Erscheinungen der abhängigen Liebe selbst werden dabei aus der Sicht der einzelnen Menschen zu ihrer „Umgebung", also zu etwas, woran sich unser Überleben orientiert. Auf diese Weise wirkt das Kollektive zurück auf das Individuelle. Wir sehen uns nun in den kollektiven Bewusstseinsstufen um, die bei Einzelnen dem Ungeborenen, dem Kind und der Jugend entsprechen. Die kollektiven Wirkungen der abhängigen Liebe wie der Selbstliebe werden deutlicher, wenn wir gleichzeitig auf ihre eigenen Reparatur- oder Rettungsversuche schauen, also auf die jeweiligen Erscheinungsformen dessen, was heute „Therapie" heißt.

Für Einzelne ist es durchaus innerlich riskant, sich aus dem „Gruppenzwang" des jeweiligen kollektiven Gleichgewichts zwischen abhängiger Liebe und Selbstliebe zu entfernen. Solange man jedoch „drin" ist, sieht man nichts. Dabei riskiert man das eigene Dazugehören, also das Wichtigste in allen kollektiven Belangen. Erst wenn genügend Einzelne sich in ihrem individuellen Leben für ein anderes Gleichgewicht zwischen abhängiger Liebe und Selbstliebe öffnen, verändert sich auch das kollektive Bewusstsein. Für das innere Erwachsensein gibt es noch nichts, was ich mit „Kollektiv", wie ich es kenne, vergleichen würde. Menschen in der Freiheit der Selbstliebe versammeln sich, wenn überhaupt, eher um ihre innere Lebendigkeit und um ihre daraus kommenden Aufgaben als um eine gemeinsame Abhängigkeit von der Umgebung.

Natur

> Bei einem Familienbesuch in Afrika erlebte ich etwas Seltsames. Kaum waren wir aus dem Flugzeug gestiegen und hatten diese rote Erde betreten, breiteten sich eine innere Stille und eine Entspannung in mir aus, wie ich sie bis dato nicht kannte. Wir bewegten uns mit tiefer Selbstverständlichkeit, Ruhe und gleichzeitiger Wachheit. Dies verstärkte sich noch, als wir später ins offene Land hinaus fuhren und uns in der Weite der Savanne unter diesem unendlichen Himmel wiederfanden. Das ist nun viele Jahre her. Die Sehnsucht nach der roten Erde und nach dieser Weite taucht immer wieder auf.

Die physisch-abhängige Liebe spiegelt das vollkommene Eingelassensein in die natürliche Umgebung wider, gemäß der körperlichen Symbiose im Mutterleib. Unangefochtenes Eingelassensein in die natürliche Umgebung bedeutet ungefährdetes Überleben, also Sicherheit. Gefahr entsteht immer dann, wenn das Eingelassensein subjektiv als bedroht erscheint. In der Frühphase unseres Menschseins ging es über viele hunderttausend Jahre darum, Bedrohungen für das Eingelassensein in die Natur und damit in die Welt als Ganzes abzuwenden. Dabei galt der Grundsatz der abhängigen Liebe: „Kooperation gegen Sicherheit“, und in letzter Konsequenz: „Opfer gegen Rettung“.

Die abhängige Liebe wirkt auf ihrer ersten Stufe im körperlichen Vollzug. Unsere frühen Vorfahren nahmen das physische Opfer als Tribut an die Umgebung wörtlich. Der Hieb mit dem Faustkeil in das Fleisch und die Knochen der dafür ausersehenen Tiere oder Menschen sicherte das weitere Eingelassensein in die haltende und nährende Umgebung, in die Natur. Daraus entstanden schamanische Rituale mit der gleichen Funktion. Sie sorgten in stellvertretender und damit in etwas abstrahierter

Weise für die erneuerte Zugehörigkeit bzw. das erneuerte Eingelassensein. Das Prinzip „Opfer gegen Rettung“ liegt jedem Kult zugrunde. Das Phänomen „Kult“ entsteht am Opfer zum Zwecke der Erneuerung von Zugehörigkeit zur natürlichen Umgebung. „Kult“ ist strukturell ein Ausdruck der abhängigen Liebe.

Die ersten Therapeuten der Menschheit waren Opferpriester. Alles in der natürlichen Umgebung war für die frühen Menschen genau so mit Lebendigkeit beseelt wie sie selbst: Himmel, Erde, Wasser, Feuer, Wind, Regen, Sonne, Mond, Sterne, Berge, Steine, Bäume, Tiere, Jahreszeiten. Sie fanden sich selbst und ihre Vorfahren in ihrer unmittelbaren Lebenswelt wieder. Solange sie sich eins damit fühlten, war alles gut.

Das Beseelte der natürlichen Umgebung (Geister, Tier- und Pflanzengötter) und das Beseelte („Wir sind“ bzw. „ich bin“) der frühen Menschengruppen fand seinen Anknüpfungsort in den frühen Opferpriestern und in den späteren Schamanen. Sie konnten die lebensrettende Verbindung zur beseelten natürlichen Umgebung herstellen, erneuern, halten und vermitteln. Die frühen Menschen erlebten ihre Tätigkeit, das „Zurückgeben“ beim Kultopfer oder beim schamanischen Ritual, als eine wirksame Therapie.

Heilung im Horizont der kollektiven physisch-abhängigen Liebe bedeutet: „Ich bin erneut und sicher eingelassen in meine natürliche Umgebung“. Wobei die frühen Menschen ihre Umgebung nicht als „natürlich“ wahrnahmen, denn dazu hätten sie eine „unnatürliche Umgebung“ kennen müssen. Genau genommen nimmt das symbiotische Einheitsbewusstsein seine Umgebung überhaupt nicht als solche wahr, denn es ist mit ihr verschmolzen. Es empfindet Einheit, sonst nichts. Sollte diese Einheit in Frage stehen, bedeutet das unmittelbare Lebensgefahr.

Die kollektive Seite des symbiotischen Einheitsbewusstseins entstand wie die individuelle Seite aus diesen Notwendigkeiten der physisch-abhängigen Liebe. Dafür gibt es sowohl archäologische als auch psychologische Zeugen. Als archäologische Zeugen dienen jene Hinterlassenschaften vergangener Kulturen, die auf Opferkulte schließen lassen, ebenso literarische Erinnerungen an frühe Kulte in heiligen Schriften, etwa in den uralten Opfervorschriften des Alten Testaments der Bibel.

Prominentester psychologischer Zeuge ist die menschliche Seele selbst. Sie hat offenbar über hunderttausende von Jahren hinweg die Fähigkeit entwickelt, unser äußeres Leben innerlich zu spiegeln und uns somit ein Bild von uns selbst zu liefern – mit dem Zweck, uns immer neu über den Status unserer Zugehörigkeit und damit der Überlebenswahrscheinlichkeit zu informieren.[29]

Die Herstellung dieser Spiegel-Bilder oder *Imagos* ist das Geschäft unserer Psyche. Die Psyche als die Innenseite unserer Körperlichkeit imaginiert ohne Unterlass. Sie ist damit ein körperlicher Zeuge des andauernden Sich-wieder-Einlassens der frühen Menschen in ihre natürliche Umgebung. Der archetypische Basisbestand unserer Psyche an *Imagos* (Berge, Bäume, Tiere u.a.) spricht zusätzlich dafür.

29. Siehe Giegerich: The Soul Always Thinks.

Gruppe

> Man stelle sich die Gemütlichkeit eines dörflichen Sommerfestes in einer bewaldeten Gegend Deutschlands vor. Nach dem obligatorischen Konzert haben die Leute Appetit, es gibt Wurst und Steaks vom Grill, das Bier fließt in Strömen. Alle sind zufrieden und lassen es sich gut gehen. Nur der Musiker irrt umher, ohne Wurst. Die Leute fragen ihn, und er antwortet mit französischem Akzent, er suche etwas Vegetarisches zum Essen. Und er trinke keinen Alkohol, ob man etwas anderes für ihn hätte. Man gibt sich Mühe, findet aber nichts vegetarischeres als ein trockenes Brötchen, dazu etwas Orangenbrause aus der Kinderkiste. Er kaut zufrieden. Die Umstehenden staunen ihn ratlos an.

Die Trennung von der natürlichen Umgebung zur Sicherung des weiteren Überlebens erfolgte auf der kollektiven Ebene nach vielen hunderttausend Jahren menschlicher Lebenserfahrung, indem die Menschen ihre natürliche Umgebung für sich nutzbar machten. Sie zähmten das Feuer, erfanden Werkzeuge, Kleidung und Häuser, Fernwaffen (Speer), Boote usw.. Die Trennung von der natürlichen Umgebung geschah äußerlich durch technischen Fortschritt. Aus dem Eingelassensein wird ein Gegenübersein. Erst hier beginnt die natürliche Umgebung als etwas von uns Verschiedenes überhaupt zu erscheinen. Das Gegenübersein der Menschen zur Natur folgt der gleichen Dynamik wie das Gegenübersein eines Neugeborenen zu seiner Mutter.

Auch dieser Schritt zum Sichgegenüberstellen wird vom Überlebenstrieb in Gestalt der abhängigen Liebe befeuert. Äußere Bedingungen wie Klima, Wetter, Nahrungsangebot, Dichte der Freßfeinde und Nahrungskonkurrenten hatten wohl dazu geführt, dass die Menschen begannen, Werkzeug zu verwenden,

Feuer zu zähmen, Nahrung zu garen, Tiere und Pflanzen zu domestizieren, Felder zu bebauen, Siedlungen zu errichten und sich niederzulassen. Sie stellten sich der Natur gegenüber, um ihr beim Überleben nicht mehr unmittelbar ausgeliefert zu sein.

Damit verschiebt sich der Fokus der abhängigen Liebe und des aus ihr kommenden Bewusstseins von der physischen Symbiose im Eingelassensein zur emotionalen Symbiose im Gegenübersein. Alles, was vorher der natürlichen Umgebung zugedacht war, begannen die Menschen nun auf die Gruppe zu übertragen. Die Gruppe wurde nun als wichtiger für das eigene Überleben wahrgenommen als die Lebenswelt ringsum. Ab jetzt ging es nicht mehr um Zugehörigkeit zur natürlichen Umgebung, sondern um Zugehörigkeit zur menschlichen Gruppe.

Die Bühne der abhängigen Liebe und damit die Bühne des Bewusstseins verändert sich dadurch. Das neue Wir-Bewusstsein ist nicht mehr nur körperlich. Es entwickelt und entfaltet sich im Mit-Fühlen, im Spüren über die Entfernung. „Umgebung" im individuellen Sinne nach der Geburt ist die Mutter. „Umgebung" im kollektiven Sinne ist nun die Gruppe, also die Sippe, der Stamm, das Volk usw. Wir hatten im Kapitel über die Peergroup gesehen, wie sich die innere Gestalt der Mutter als das Gegenüber bis heute in jeder Begegnung mit einer menschlichen Gruppe aktiviert, ebenso die Dynamik der abhängigen Liebe auf der Ebene des Mit-Fühlens, der Emotion. Daraus entsteht als Kriterium für die eigene Sicherheit die Zugehörigkeit zur Gruppe.

Die Zugehörigkeit zur Gruppe regelt sich über das als Schuld oder Unschuld gefühlte Gewissen. Es ist in seinem emotionalen Horizont ein Produkt des Gruppenbewusstseins, es funktioniert über das Fühlen. Darin trägt es wesentlich zur Entstehung des Gruppenbewusstseins bei. Ich möchte hier noch etwas näher darauf eingehen als bei der vorausgegangenen Beschreibung der kindlich-abhängigen Liebe.

Bert Hellinger hatte das Gewissen als persönliches und kollektives Orientierungsinstrument für die Zugehörigkeit zu Gruppen entdeckt und beschrieben. Dasselbe trifft auf die von ihm so genannten „Ordnungen der Liebe“ zu. Dies sind jene in der Aufstellungsarbeit häufig erwähnten und leider manchmal als Gesetz missverstandenen Gruppenphänomene von „Bindung, Zugehörigkeit, Ausgleich und Ordnung nach der Zeit“[30]. Ich sehe in ihnen tatsächlich Ordnungen der unbewussten Liebe und nicht nur soziologische Kategorien. Sie zeigen, wie die kindlich-abhängige Liebe das Gruppenbewusstsein gestaltet bzw. vom Gruppenbewusstsein gestaltet wird. Alle miteinander folgen sie dem Überlebenstrieb in Gestalt der abhängigen Liebe.

Ich zeige kurz, wie ich ihre Wirkungen im Gruppenbewusstsein sehe: Wenn meine gefühlte „Zugehörigkeit“ aufhört, habe ich unbewusst den Eindruck, sterben zu müssen. Daher unternehme ich alles für sie. Falls im Umkehrschluss jemand die Umgebung (die Gruppe) in Gefahr bringt, etwa durch eine Straftat oder durch Verletzung ihrer Ehre, muss er oder sie ausgeschlossen werden, durch Körperstrafen, Verbannung oder Tötung. Dann ist die Gruppe wieder heil und sicher. Im Individuellen entspricht dies der „sicheren Mutter“, der es nun wieder gutgeht.

Dasselbe zeigt sich bei der „Bindung“. Ich sehe in dem Phänomen „Bindung“ eine immer wieder erneuerte Erinnerung an

30. Hellinger: Ordnungen der Liebe.

existentiell bedrohliche Situationen, in denen es um Leben oder Tod ging. Bei der Geburt etwa geht es um Sein oder Nichtsein, daher „bindet" sie mich an die Familie, die Religionsgemeinschaft, das Volk, das Land, also an die Gruppen, in die ich hineingeboren wurde. Rettung oder Tötung erfüllen den gleichen existenziellen Tatbestand. Sie „binden" mich an die Person oder Gruppe, mit der ich dies erlebt habe. Eine sehr energiereiche Erinnerung kann ohne Weiteres über mehrere Generationen immer wieder von den Ungeborenen im Mutterleib übernommen werden. Von außen sieht dieser Vorgang wie eine mehrgenerationale Bindung aus, im individuellen wie auch im kollektiven Zusammenhang. Von innen ist es Übernahme einer wesentlichen Erinnerung, um weiter dazugehören zu können.

Auch das Bedürfnis nach „Ausgleich" kommt aus der abhängigen Liebe gegenüber der Gruppe als „Umgebung": Ich muss ebenso viel bekommen wie die anderen (ähnlich wie bei Geschwistern, auf die Zuwendung der Eltern bezogen), sonst gerate ich in Lebensgefahr. Und ich muss zurückgeben, was ich bekommen habe, um meine Zugehörigkeit nicht zu gefährden. Also ebenfalls zur Abwendung von Lebensgefahr. Ich darf nichts „schuldig" bleiben. Auch hier wird „Unschuld", also der gerechte Ausgleich, emotional als Sicherheit im Sinne des Dazugehörens empfunden.

Die „Ordnung nach der Zeit" regelt die Rangfolge in der Zugehörigkeit. Wer zuerst zur Gruppe kommt, mahlt zuerst. Die Menschen, die schon da waren, haben einen Vorrang vor denen, die nach ihnen kommen. Ob im Verhältnis von Einheimischen und Fremden, Gründungsmitgliedern in Teams und späteren Neuankömmlingen, leiblichen Eltern und Stief-, Adoptiv- oder Pflege-Eltern: Jede Verwirrung in der Reihen- oder Rangfolge der einzelnen Gruppenmitglieder bringt aus Sicht der abhängigen Liebe die Gruppe als Umgebung in Gefahr. Sie wird daher bekämpft, bewusst oder unbewusst.

Im Ganzen sorgen die „Ordnungen der Liebe“ dafür, dass die Gruppe stabil bleibt und weiterhin den Einzelnen emotional als sichere Umgebung dienen kann. In primären Gruppen, also in unseren Familien, erleichtert ihre Beachtung allen Beteiligten das Leben. In Großgruppen führen die „Ordnungen der Liebe“ zu geschlossenen Gesellschaften. Dort hat das Bewahren einen höheren Stellenwert als die Veränderung, das Vertraute gilt mehr als das Fremde, die formale Kommunikation mehr als der persönlich-individuelle Kontakt. Dort ist die Vorstellung von gewöhnlichen Individuen mit voller Bewegungs-, Informations- und Handlungsfreiheit nicht möglich, ohne Angst und entsprechende Gegenmaßnahmen auszulösen.

Die kindliche oder emotional-abhängige Liebe im Gruppenbewusstsein musste neue, eigene Reparatur- und Rettungsmöglichkeiten entwickeln. Denn die maßgebliche „Umgebung“, auf die sich diese Rettung beziehen konnte, hatte sich von der natürlichen Umwelt weg und hin zur Gruppe bewegt. Das Beseelte (das Lebendige) der natürlichen Umgebung wanderte dabei mehr hin zur Gruppe als deren zentraler Größe, das „Beseelte“ der Gruppe verschob sich zu den einzelnen Gruppenmitgliedern. Das Lebendige der Gruppe wurde entweder als Stammesgott mitgetragen (Bundeslade, Altes Testament), es entfaltete sich in einem spirituellen Spiegel (etwa den antiken Götterhimmeln), oder es wurde als direkte Anrede wahrgenommen (Jahwe und Mose, Altes Testament).

Die zunehmende Ausschließlichkeit und der Grad der Ausdifferenzierung bei dem „Beseelten der Gruppe“, etwa bei ihrem

Gottesbild, spielt zusammen mit einer Ausdifferenzierung des ursprünglich einen Verbindungsamtes in mehrere Ämter: Priester, Ärzte, Richter. Die Therapeuten des Gruppenbewusstseins konnten nicht mehr alles alleine machen. Die Straftat wurde erfunden als etwas, das die Zugehörigkeit zur Gruppe und gleichzeitig die Unversehrtheit der Gruppe in einem Maße in Frage stellte, dass der Ausschluss des Delinquenten erforderlich wurde. Hier hatten die Richter ihr Feld. Der Ausschluss erfolgte in unterschiedlicher Dosierung: Körperstrafen, Gefängnis, Verbannung, Hinrichtung.[31] Die Verbannung kann als Äquivalent zur Todesstrafe angesehen werden.

Krankheit wurde nun auf die Gruppe bezogen und von den Ärzten auf ihr Maß an Bedrohung für die Gruppe bewertet. Lepra etwa führte zum Ausschluss, andere Krankheiten ebenso. Bis heute werden Krankenhäuser vor allem am Rande der Siedlung platziert. Die innere Zugehörigkeit im Sinne von rein und unrein, schuldig oder unschuldig, sündig oder gerecht, blieb im Entscheidungsbereich der Priester. Heilige Schriften, Riten, Glaubensbekenntnisse und Ausschlusswerkzeuge bildeten ihre Ausstattung. Im Erleben der Einzelnen wie der Gruppe war dies hochwirksam. Noch im Mittelalter bewirkte die Teilnahme an Beichte und Heiliger Messe in den Menschen die wirkliche Erneuerung ihrer Zugehörigkeit: „Jetzt bin ich wieder in Ordnung." Ebenso wie der Bann ihren Ausschluss bezeugte: „Jetzt muss ich sterben."

31. Ein zeitgenössisches Beispiel wären die Körperstrafen in der extremistischen Auslegung der Scharia. Sie entsprechen etwa dem, was in Teilen des heutigen Europas vor vielen hundert Jahren galt. Sie verweisen damit auf die Ungleichzeitigkeit der kollektiven Bewusstseinsentwicklung sowie darauf, dass die Entwicklung der unbewussten Liebe und der entsprechenden Bewusstseinsstufen erlitten wird. Sie kann nicht aktiv gesucht werden.

Die Therapeuten des Gruppenbewusstseins waren (und sind noch immer) seit tausenden von Jahren dafür zuständig, das Überleben sowohl der Einzelnen als auch der Gruppe zu sichern. Dazu schreiben sie jeweils in ihrem Bereich den einzelnen Gruppenmitgliedern Schuld oder Unschuld zu, also Zugehörigkeit oder Ausschluss.

Es gibt auch hierfür archäologische und psychologische Zeugen. Prominenteste archäologische Zeugen für die kollektive abhängige Liebe in Zeiten des Gruppenbewusstseins sind Tempelruinen und unsere Kirchen. Sie repräsentieren Orte, an denen es in einem für die Einzelnen und für die Gruppe unentrinnbaren Sinn um Schuld und Unschuld geht, um Zugehörigkeit oder Ausgeschlossensein, und damit um Sein oder Nichtsein. Weitere Zeugen archäologischer Art wären die Hinterlassenschaften früher medizinischer Tätigkeit im engeren Sinne, sowie Hinterlassenschaften früher Gerichtsbarkeit, etwa Folterkammern, Galgen und Ähnliches.

Die prominentesten psychologischen Zeugen der kindlich-abhängigen Liebe im Gruppenbewusstsein erscheinen aktuell darin, wie die „Ordnungen der Liebe“ zunehmend zur Verweigerung politischer, kultureller oder religiöser Zugehörigkeit dienen. Ich sehe darin einen kollektiven Spiegel dafür, wie sehr das Kindliche in uns sich von den Wirkungen des Ich-Bewusstseins bedroht fühlt, etwa von der Globalisierung, der damit einhergehenden Gleichzeitigkeit von Information und Desinformation sowie den Wanderungsbewegungen vieler „Fremder“. Das sogenannte „Volksempfinden“ erscheint in diesem Spiegel, auch das sehr unterschiedlich verteilte Gefühl für Fremdes und Eigenes, Gutes und Böses, Heimat und Ausland, Heiliges und Profanes.

Ich

Aus Gründen des Überlebens kann sich die kindlich-abhängige Liebe im Gruppenbewusstsein nicht überall auf der Welt als gültiger Horizont des Lebensgefühls halten. „Die Gruppe" wird zunehmend zur einschränkenden Gefahr für ihre Mitglieder, sobald diese beginnen, sich selbst als Einzelwesen wahrzunehmen. Das innere Gleichgewicht zwischen den beiden Polen der unbewussten Liebe scheint dies unausweichlich zu machen. Es verschiebt sich im Laufe seiner Entwicklung, sowohl auf jeder einzelnen Stufe als auch im Ganzen. Es wandert vom Pol der „abhängigen Liebe" hin zum Pol der „Selbstliebe". Das innere Erleben des eigenen Daseins und der Anderen scheint davon bestimmt zu sein, wo sich dieses Gleichgewicht gerade befindet.

Am Pol der „abhängigen Liebe" sehe ich es im symbiotischen Einheitsbewusstsein, etwas weiter weg davon im Gruppenbewusstsein, und noch mehr zur Mitte hin im Ich-Bewusstsein. Gleichzeitig verstärkt sich bei dieser Wanderung unserer inneren Balance das Gewicht des Individuellen gegenüber der Umgebung. Wenn die innere Wanderung von der „abhängigen Liebe" zur „Selbstliebe" die Mitte zwischen beiden Polen erreicht, kippt das Ganze um. Die Zeit der Symbiose endet, die Geburt nach innen vollzieht sich, der Bereich der Freiheit beginnt. Aber da sind wir noch nicht. Im westlichen Europa befinden wir uns in der kollektiven Pubertät, in anderen Teilen der Welt wohl auch. Sie heißt „Aufklärung" und bedeutet im Wesentlichen: Das Beseelte der Gruppenmitglieder wandert aus der Gruppe hinaus, hinein in das autonome Ich. Es wandert um 180° gedreht in das Ich-Konzept der Einzelnen hinein. Das Individuum erfindet sich selbst, um weiterleben zu können.

Dabei kehrt seltsamerweise das Eingelassensein der körperlichen Symbiose im Mutterleib wieder, nur ebenfalls seitenverkehrt: Während unsere frühen Vorfahren im symbiotischen Einheitsbewusstsein völlig eingelassen in ihre natürliche Umwelt lebten, unternehmen wir Heutigen das Gegenteil: Wir umfassen und umzingeln die natürliche Umwelt mit Hilfe des Denkens und seiner physischen Erzeugnisse, der aktuellen Technik. Natürlich beschädigen wir die natürliche Umwelt, wenn wir nur noch unser gedachtes Modell von ihr wahrnehmen. Das gedachte Modell der Wirklichkeit reicht nicht an das Original heran. Es erschafft technische Wunder, kann aber nicht realisieren, dass wir noch immer auf Gedeih und Verderb von einer funktionierenden äußeren Lebenswelt abhängig sind.

Eine Forscherin erzählte mir von ihrer Arbeit. Wenn ich sie richtig verstanden habe, war sie damit beschäftigt herauszufinden, was genau zur Teilung der ersten Zellen eines neuen Lebewesens führt. Sie beschrieb, wie sie stunden- und tagelang vor dem Elektronenmikroskop saß und versunken den lebenden Zellen dabei zuschaute, wie sie sich teilten. Sie seien dem Geheimnis dieses Vorgangs nicht viel nähergekommen, meinte sie, und sagte traurig: „Wir wissen nichts. Wir zählen und rechnen, aber wir wissen nicht, warum sie sich teilen."

Die denkerische Trennung der jugendlich-abhängigen Liebe von der Realität korrespondiert mit der technischen Trennung von der natürlichen irdischen Lebenswelt, etwa durch unsere Wohn-, Transport-, Arbeits- und Informationskultur. Der wissenschaftlich-technische Verstand ist eine wunderbare Sache. Er bringt so etwas hervor wie den Laptop, auf dem ich gerade schreibe. Mein Computer ist eine hochkomplexe Maschine, aber gegen die Komplexität des Denkens wirkt er wie ein Rechenschieber. Der Haken beim Denken liegt dort, wo wir uns mit ihm identifizieren, wo wir also vergessen, dass alles Gedachte nur ein Modell der Wirklichkeit ist und nicht die Wirklichkeit selber. Das kollektive Ich-Bewusstsein identifiziert sich ähnlich haltbar mit seinen Konzepten von sich selbst, wie das Gruppenbewusstsein sich emotional mit seiner Umgebung, der Gruppe, identifiziert hatte. Es bleibt ihm nichts anderes übrig, als sich unbewusst abhängig zu machen von dem, was es denkt, versteht und sich konzeptionell vornimmt. Diese Verwechslung mit gedanklichen Konzepten hat mit der Realität nichts zu tun. Daher nenne ich sie Neurose.

Das Reparatur- und Rettungswesen des Ich-Bewusstseins verfolgt als Therapieziel die Stärkung des Ichs in Abgrenzung von dem, was war, etwa von unserer Herkunftsfamilie oder von als einengend empfundenen Traditionen. Dabei soll möglichst erfolgreich integriert werden, was wir damals an emotionalen Wunden davongetragen hatten, in leicht abgewandelter Treue zu dem Satz Siegmund Freuds: „Wo Es ist, soll Ich werden."[32] Anders gesagt: Therapieziel ist ein Leben in individueller Autonomie und der daran gemessenen Vorstellung von Würde. Das Kollektiv tritt äußerlich zurück, der oder die Einzelne wird zum allgemeinen Maßstab. Die volle Individuation im autonomen Ich beseelt aus meiner Sicht die überwiegende Mehrheit der therapeutischen Entwicklungen im zwanzigsten Jahrhundert als ein gemeinsames Ziel. Daran ist ebenso wenig falsch wie an der Pubertät oder an ihrem kollektiven Pendant, der Aufklärung. Die Zielvorstellung des „autonomen Ich" bzw. der „voll verwirklichten Individualität" bleibt jedoch ebenso strukturell neu-

32. Siegmund Freud hatte das „Es" nicht auf verinnerlichte Kindheitserfahrungen bezogen, sondern auf das Animalische unserer unbewussten Triebe.

rotisch wie die individuelle Pubertät, die kollektive Aufklärung und ihre gemeinsame Anstrengung, die Erschaffung des autonomen Individuums.

Ich freue mich immer, wenn ich einer therapeutischen Haltung begegne, die das „autonome Ich" in seiner modellhaften Begrenztheit erkennt und darüber hinauszugehen wagt. Denn, wohin man schaut, investieren Menschen viel Energie, um an sich zu arbeiten, sich zu optimieren, sich zu individualisieren. Das moderne Verständnis von Krankheit als Funktionsstörung kommt direkt aus dem Optimierungsbedürfnis der jugendlich-abhängigen Liebe. Eigentlich ist es ein Kontrollbedürfnis.

Sofern Therapie im dazugehörigen Ich-Bewusstsein davon beseelt ist, Menschen bei ihrer Selbstoptimierung zu unterstützen, hilft sie ihnen im Sinne von Schuld und Unschuld, ihrem individuellen Ideal vom autonomen Ich besser entsprechen zu können, nur mit weniger Leiden, weniger Schmerz und weniger Einschränkungen. Sie bleibt damit strukturell eine Überlebenshilfe der abhängigen Liebe. Sie sorgt für die Erneuerung von Zugehörigkeit, nur eben nun zum autonomen Ich und nicht mehr wie damals zur natürlichen Umgebung oder zur Gruppe. Damit verfolgt sie zwar das Gegenteil von Therapie im Gruppenbewusstsein, findet jedoch nicht aus der Dynamik der Abhängigkeit heraus. Sie bleibt im Bereich der Symbiose, nun in der Symbiose mit einem Ich-Konzept.

Auch für die kollektive Symbiose der jugendlich-abhängigen Liebe gibt es Zeugen. Wir sind überall umgeben oder umzingelt von ihnen. Es sind die Errungenschaften unserer technischen Lebenswelt, von der Fernwärme über das Smartphone bis zur Atombombe. Die Digitalisierung und das Internet samt seiner sozialen Medien lassen uns wieder symbiotisch mit allen und allem verbunden sein, nun aber virtuell. Auch allgemeine öffentliche Ideale wie „Erfolg“, „Jugendlichkeit“ und „körperliche Fitness“ bezeugen das gegenwärtige Wirken der jugendlich-abhängigen Liebe.

Ihr prominentester seelischer Zeuge ist die Neurose. Sie betreibt die Verwechslung mit unseren Konzepten von der Welt, den Anderen und uns selbst, anders gesagt die Verwechslung mit unseren Idealen. Sie wird uns im dritten Buchteil intensiver beschäftigen. Im kollektiven Zusammenhang führt sie über den eher milden Alltagsirrsinn à la Woody Allen hinaus. In ihrer absoluten Form führt die kollektive Neurose in den Extremismus, ob politischer, nationalistischer, rassistischer, religiöser, moralischer, wirtschaftlicher, ökologischer oder neuerdings auch kulinarischer Fasson. Menschen vertreten diese Extremismen, um unbewusst durch die Erfüllung eines „absoluten“, von der Wirklichkeit „losgelösten“ Ideals wieder unschuldig zu werden und damit eine innere Todesangst zu bannen. Je größer die Angst, umso extremer wirkt der Extremismus, umso weiter entfernt er sich von der komplexen und widersprüchlichen Wirklichkeit, umso vereinfachender und schematischer wird sein Weltbild. Er teilt die Umgebung in gut und böse, Fremde und Einheimische, reine und falsche Lehre, Gläubige und Ungläubige, Wahres und Entartetes.

Ganz gleich, um welchen Extremismus es sich handelt: er folgt dem Traum von der Reinheit, also der totalen Unschuld. Mit immer demselben Ergebnis: der totalen Schuld. Reinheit als Ideal ist tödlich, denn sie hat mit dem Leben nichts zu tun. Leben vollzieht sich immer als Vermischung.

Ich halte diese Phänomene für ebenso unausweichlich wie das Eintreten der Pubertät bei Jugendlichen. Sie entstehen in der gedanklichen Symbiose mit unseren Vorstellungen vom Leben. Man kann dieses Stadium nicht überspringen, auch kollektiv nicht. Die Balance zwischen abhängiger Liebe und Selbstliebe kennt kein „besser oder schlechter". Es gibt keinen „Fortschritt" in der Bewusstseinsentwicklung, den man willentlich erreichen könne. Es geschieht einfach, und es geht darum, diese Bewegungen der Liebe zu sehen. In ihnen allen zeigt sich unsere Lebendigkeit.

Zum Schluss des ersten Buchteils: Es gab aus meiner Sicht schon immer eine therapeutische Linie jenseits des mit dem Überleben beschäftigten Mainstreams. Diese Ausnahmen fokussieren sich nicht auf die Abhängigkeit von der Umgebung und auf die sichernde Erneuerung der Zugehörigkeit. Sie kommen aus der Selbstliebe. Sie richten sich auf das Selbst, auf das Bodenlose in den Menschen, auf ihre Lebendigkeit.

Mir scheint, dass jede neue Therapieschule damit begann, etwas vom lebendigen, bodenlosen Selbst in uns Menschen als relevant wahrzunehmen. Sie erkannte es als eine Ungeheuerlichkeit, die das jeweils herrschende kollektive Bewusstsein unterlief oder überstieg. Sobald jedoch die Entdecker und damit die Begründer der neuen Schule von ihren Nachfolgern umringt wurden, begannen diese aus ihrem kollektiven Bewusstseinshorizont heraus, ihren Blick von dem ungeheuerlichen Selbst in seiner Lebendigkeit wieder abzuwenden und ihn auf das für sie Verstehbare und Handhabbare zu richten.

Das Selbst in seiner schwindelerregenden Freiheit wurde immer wieder eingemeindet in den Geist der Zeit, analog zu dem, was

Kinder mit ihrer inneren Lebendigkeit tun, wenn sie davon ihre Zugehörigkeit bedroht sehen. Daher hat man „den Schatz“, das Lebendige, immer nur in „irdenen Gefäßen“. Den großen Religionen erging es in der Nachfolge zu ihren Stiftern übrigens nicht anders.

Möglicherweise haben wir heutzutage eine neue Situation. Noch nie haben sich in meinem Umfeld die Erscheinungen und Symptome des kollektiven Bewusstseins so deutlich angefühlt wie bei individuellen Menschen das Ende der Pubertät. Die aus der inneren Notwendigkeit der abhängigen Liebe kommende Zerstörung der Tradition ist fast vollendet. Die „natürliche Umwelt“, auf die wir früher unmittelbar angewiesen waren, ist von unserer Wissenschaft in groben Zügen gedanklich durchdrungen, umzingelt und handhabbar gemacht worden. Der Wille zur Optimierung hat kaum Fassbares vollbracht, die Grenzen des technisch Möglichen verschieben sich immer weiter. Ein großer Teil der Menschen in den westlichen Ländern lebt autonom, also nach eigenem Gesetz, ist innerlich einsam und meistens gestresst.

Auch die kollektive Pubertät scheint in eine tiefe Krise zu führen, wenn sie in sich zusammenstürzt. Wie im Persönlichen scheint es auch im Kollektiven darum zu gehen, die eigene Pubertät schlicht zu überleben. Den Ort, an dem dies möglich wird und schon erreicht ist, nenne ich das „Jetzt“. Ich glaube, es wird Zeit für den nächsten Teil des Buches.

II. Teil

„Jetzt“

Unsere Körper aus Fleisch und Blut haben eine wunderbare Eigenschaft. Sie befinden sich aus ihrer Perspektive immer an demselben Ort in der Zeit: jetzt. Zwischen Zeugung und Tod kann ein lebender Körper niemals woanders sein als eben jetzt. Dieses „Jetzt“ kann sich je nach Lebensstufe sehr unterschiedlich anfühlen, aber es bleibt immer jetzt.

Ein Ungeborenes hat ein anderes „Jetzt“ und ein anderes Verhältnis dazu als wir Erwachsenen, ein völlig *physisches.* Ein Kind hat wiederum ein anderes Verhältnis zu seinem „Jetzt“, ein überwiegend *emotionales.* Die Jugend hat ebenfalls ein anderes Verhältnis zum „Jetzt“, ein *gedachtes.* „Fühlen“ und „Spüren“ gehen zwar nicht verloren, das jugendliche Bewusstsein entfernt sich jedoch umso weiter von seinem körperlichen „Jetzt“, je tiefer es sich mit seinen gedanklichen Konzepten davon verwechselt. Das zeigt sich daran, dass entweder das äußerliche Leben nicht mehr zu funktionieren scheint, oder man selber funktioniert nicht mehr.

Dies gehört für innerlich Erwachsene zum „Damals“, zur abhängigen Liebe. Das erwachsene Verhältnis zum „Jetzt“ erreichen wir durch die *Wahrnehmung* dessen „was ist“, ohne uns dabei noch mit unseren physischen Vollzügen, Emotionen oder Gedanken zu verwechseln. Damit betreten wir den Bereich der Selbstliebe. Das „reife“ Verhältnis zum „Jetzt“ entsteht dann, wenn wir in unserem Tun einfach dem folgen, was unser „Jetzt“ uns von Moment zu Moment innerlich *wissen* läßt. Das Verhältnis des „Alters“ zum Jetzt bewegt sich im innerlichen *Sehen* des Ganzen, ohne noch äußerlich etwas tun zu müssen. Im Blick auf den Tod, auf unser körperlich unausweichliches Ende, spiegelt sich unser jeweils aktuelles Verhältnis zum „Jetzt“

1. Wie Erwachsene lieben

> Im letzten Sommer haben meine Frau und ich geheiratet. Der Pfarrer hatte im Vorfeld alles mit uns abgesprochen. Als er dann in der Kirche vor uns stand, geschah etwas anderes. Er sprach und handelte aus dem Augenblick heraus. Manche wunderten sich, wir als Brautpaar wurden auf eine Weise getroffen, berührt und bewegt, wie es der geplante Verlauf vielleicht nicht hätte leisten können. Bei der Hochzeitsparty danach sah man ihn angeregt mit verschiedenen Leuten reden, lustvoll dem herrlichen Essen zusprechen, sich in der Musik wiegen und aus vollem Herzen lachen. Er nannte unsere Hochzeit einen „offenen Prozess, der im Zusammenspiel aller Beteiligten entstanden war". Er freute sich darüber ebenso wie wir.

Innerlich erwachsene Menschen sind schwer zu kalkulieren. Sie wirken äußerlich manchmal wie kindliche Spielkälber, verbohrte Trotzköpfe, rebellische Halbstarke, stumme Ungeborene und alles Mögliche dazwischen. Sie albern herum, wissen nicht weiter, streiten sich, haben Schmerzen, freuen sich, kommen zu spät, haben Angst, machen immer dieselben Fehler, lieben Hals über Kopf, trennen sich, schaffen viel, verlaufen sich, haben keine Lust, haben seltsame Lüste, wundern sich, verstehen sich selber nicht … die Reihe ließe sich beliebig fortsetzen.

Es gibt einen einzigen Unterschied zu den echten Jugendlichen, Kindern oder Ungeborenen von damals: Innerlich Erwachsene *wissen*, dass das eben Beschriebene *auch* zu ihnen gehört. Sie lassen sich selbst jedoch geschehen, ohne sich noch erziehen zu wollen. Innerlich erwachsene Menschen haben es gelassen, im Sinne der Optimierung an sich zu arbeiten. Sie haben damit aufgehört, konzeptionellen Maßstäben genügen zu wollen. Sie folgen einfach dem, was sich gerade zeigt, innen wie außen. Sie bemerken es, wenn eine ihrer früheren Daseinsweisen in ihnen die Regie übernehmen möchte, etwa das Ungeborene, das Kind oder der Jugendliche, so wie diese eben aus ihrer damaligen Sicht auf das heutige Leben ihrer Inhaber reagieren. Innerlich Erwachsene unternehmen nichts mehr dagegen. Wie kann das sein?

Der wichtigste Unterschied zwischen Jugendlichen und Erwachsenen oder zwischen abhängiger Liebe und Selbstliebe liegt im Umgang mit Kontrolle. Die jugendlich-abhängige Liebe im Ich-Bewusstsein muss das Leben und sich selbst kontrollieren, und zwar im Dienste ihrer zweifachen Aufgabe: Sich von der Herkunftsfamilie bzw. der Tradition fortbewegen und dabei das innere Kind vor weiteren Verletzungen schützen. Dementsprechend versuchen die meisten Menschen in westlichen Gesellschaften, ihr Leben „in den Griff zu kriegen". Die Wissenschaft als ein Ausdruck des Ich-Bewusstseins versucht sogar, diese Kontrolle dermaßen perfekt auszuüben, dass sie dem Leben die Richtung weist („gesundes" Leben), die Gestalt vorschreibt (Gentechnologie) und versucht, es selbst herzustellen oder mindestens nachzubauen (künstliche Intelligenz).

Seelisch erwachsene Menschen[1] kennen das alles, aber sie tun es nicht mehr. Sie haben aufgehört, auch nur irgendetwas in ihrem Leben oder in sich selbst „in den Griff kriegen" zu wollen. Natürlich passiert es ihnen immer wieder, denn all die kindlichen und jugendlichen Kontrollfreaks sind ja noch in ihnen vorhanden und fühlen sich vom erwachsenen Leben herausgefordert. Innerlich Erwachsene bleiben Zeuge dessen und folgen ihnen nicht. Sie bleiben hier, jetzt, im gegenwärtigen Moment.

1. *Nelles: Umarme dein Leben.*

Sie glauben dem gegenwärtigen Moment mehr als dem, was ihre inneren Kinder oder Jugendlichen ihnen darüber aus ihrer (vergangenen) Sicht nahebringen wollen. Sie „glauben“ im Grunde gar nichts mehr, weil das „Glauben“ im Sinne von „für wahr halten“ überflüssig wird. Sie vertrauen dem, was sie wahrnehmen, und nehmen das als ihre momentane Wahrheit an. Mehr ist nicht nötig.

Innerlich erwachsene Menschen geben die Kontrolle über das Leben auf, sie geben sich stattdessen hin. Sie lassen sich von dem Leben in sich drin, von ihrer inneren Lebendigkeit, von ihrem bodenlosen Selbst „in den Griff kriegen“. Sie lassen sich selbst geschehen, wie sie sich eben vorfinden. Was Erwachsene lieben, ist der gegenwärtige Moment, ihr gegenwärtiger Moment mit allem, was darin erscheint.

> Was erscheint im gegenwärtigen Moment? Zuerst ich selber, wie ich gerade bin: Ein mittelalter Herr, in einer Ecke im Café sitzend, vergnüglich vor sich hinschreibend, dabei seinen Kaffee schlürfend, mit einem leisen Bedauern, dass man hier nicht rauchen darf.

Nach dreiundfünfzig Jahren gehört zu dem, was ich jetzt bin, auch all das, was ich nicht mehr bin: ein Ungeborenes im Bauch meiner Mutter, ein kleiner Junge mit blonden Locken, ein Jugendlicher mit verlegenen Bewegungen, ein junger Mann mit dunklem Bart. All das bin ich nicht mehr. Aber es darf zu mir gehören, ohne dass ich etwas daran ändern müsste. D.h. das Kind darf die Kindheit gehabt haben, die ich tatsächlich hatte, so köstlich oder schrecklich sie für das Kind gewesen sein mag. Ich will nichts daran ändern, und ich will auch nicht zurück. Der Jugendliche mag die innere Verfassung erlebt haben, die ich damals hatte, auch mit seiner Dosis an Mut, Verzweiflung, Kraft,

Ohnmacht, Begeisterung, Angst, Freude und Wut. Er hat sie überstanden. Ich will keine andere Jugend gehabt haben, und ich will auch dorthin nicht zurück.

Erwachsene Menschen fühlen sich hauptsächlich im „Jetzt" zuhause, nicht immer, das wäre ja schon wieder ein Konzept, sondern es passiert ihnen einfach. Im „Jetzt" zuhause sein bedeutet: Den gegenwärtigen Moment nicht irgendwie anders haben zu wollen, sondern im Ganzen so zu nehmen, wie er sich grad zeigt. In der Selbstliebe und dem aus ihr kommenden Selbst-Bewusstsein habe ich ein klares Gefühl für meine innere Lebendigkeit. Ich verbinde mich ohne Widerstand mit dem, was grad ist. Wie ist das möglich?

Die Selbstliebe kommt aus unserem Wachstumstrieb. Daher sucht sie nichts, sondern folgt den Entfaltungen unseres Selbst. Sie erwartet nichts, nicht etwa weil sie großzügig auf Erwartungen verzichtet, sondern weil ihr keine Erwartungen einfallen. Erwachsene Selbstliebe hat keine Utopie und keine Ideale. Sie will nicht woanders sein als dort, wo sie gerade ist. Sie will auch nicht, dass die Zeit stehenbleibt, dass etwas Bestimmtes bitte noch einmal passieren solle oder besser nie geschehen wäre. „Verweile doch, du bist so schön": Der Satz, mit dem Goethes Faust gerne den Augenblick beschwören würde (aber nicht darf, weil sonst der Teufel seine Seele bekäme), sagt ihr nichts. Erwachsene Liebe wünscht sich nicht mehr fort von dem, was gerade ist. Wenn die innere Bewegung einen erwachsenen Menschen woanders hinführt, dann folgt er ihr eben, ohne weiteres Bedauern. Die Selbstliebe oder erwachsene Liebe wirkt auf den ersten Blick recht unpersönlich, wie alles, was der Symbiose entwachsen ist und auch davon weiß. Sie nimmt einfach nur wahr, was da ist, sowohl die eigene innere Lebendigkeit als auch alles andere.

Das wären im Moment etwa: die aktuellen Nachrichten aus meinem Körper: Kaffeearoma im Mund, warm, leichtes Hungergefühl im Magen, warme Hände und Füße, dazu die aktuellen Meldungen von außen: gleichmäßiges Stimmengewirr, Musik im Hintergrund, angenehmes Licht, Menschen, die nach einem freien Tisch suchen, Rascheln einer Zeitung, dazu Gedanken an mein späteres Heimkehren, meine Kinder, einen der nächsten Aufträge.

Und ansonsten? Nichts. Ich könnte noch nicht einmal sagen, wie die Sätze entstehen, die ich hier in den Laptop tippe. Es wirkt auf mich, als wüssten meine Finger von selbst, was sie zu schreiben hätten. Da spielt ein kleiner Junge, wie es ihm gefällt, und ich habe nichts dagegen.

Von der Gegenwärtigkeit

Das klingt nun alles recht entspannt. Wieso lasse ich mich nicht öfter auf den gegenwärtigen Moment ein, also auf mein inneres Selbst und auf das, was von dort her zu spüren ist? Und warum tun dies nicht viel mehr Menschen? Es gibt beim Erwachsensein oder auch „Im Jetzt sein“ ja nichts weiter zu erreichen: ein Mann oder eine Frau um die Fünfzig etwa sind de facto erwachsen, was wollen die noch tun, um erwachsen zu *werden*?

Sie könnten versuchen zu erkennen, dass es so etwas wie den gegenwärtigen Moment für sie gibt, dass er immer gegenwärtig da ist, also auch jetzt, während Sie das lesen. Sie könnten erkennen, dass sich dieser Moment von früheren definitiv unterscheidet, selbst wenn sich der gegenwärtige durchaus ähnlich wie frühere Momente anfühlen mag.

Der Unterschied liegt schlicht in der zeitlichen Differenz von gegenwärtig und früher, von „Jetzt" und „Damals". Innerlich erwachsene Menschen erkennen und fühlen diese Differenz. Sicher nicht immer, aber immer wieder. Die körperliche Wahrnehmung und das Fühlen dieser Differenz führen direkt ins innere Erwachsensein, das heißt unmittelbar in die Freiheit. Sie ist das Entscheidende, und sie kann sich wie ein Schock anfühlen.

Um die Differenz zwischen „Jetzt „und „Damals" fühlen zu können, hilft es, zu fühlen, wie sich der damalige Moment, etwa eine Szene aus der Kindheit, angefühlt hatte, und gleichzeitig zu spüren, wie anders sich der gegenwärtige Moment jetzt, etwa mit dreiundfünfzig Jahren, anfühlt. Es geht um die gefühlte Unterscheidung zwischen einer Erinnerung (damals) und einer Tatsache (jetzt). Das könnte ganz einfach sein und ist es auch. Es gibt nur etwas, auf das man vorbereitet sein sollte: Es tut weh. Nicht immer, aber oft. Manchmal tut es auch sehr weh.

Dafür gibt es mehrere Anlässe.

1. Das „Damals" ist vorbei. Das heißt, es kommt nie mehr wieder, und ich komme nie mehr dorthin. Es ist vergangen, also untergegangen, zerstört vom Fluss des Lebens. Ich bin nur jetzt da, alles andere ist eine Konstruktion des Denkens. Die Konstruktion rückwärts in diesem Fluss heißt Erinnerung, die Konstruktion nach vorne heißt Erwartung. Manchmal will man den Abschiedsschmerz vom damaligen Moment vermeiden, weil er so schön war, oder auch so schrecklich. Sobald man es vorbeisein lässt, kommt der Schmerz. Aber auch er ist dann schnell vorbei, und dann ist jetzt, das ewige Jetzt. Das „Jetzt" ist das einzig Ewige in der Welt, das es tatsächlich gibt.

2. Wenn es zunächst wehtut, innerlich im gegenwärtigen Moment und damit in der erwachsenen Liebe anzukommen, könnte vieles von dem, was der Jugendliche, das Kind oder das Ungeborene erlebt und überlebt haben, bedrohlich, schmerzhaft oder unerträglich gewesen sein. Damals war das tatsächlich so, deshalb ist vieles von dem damaligen Schmerz verschlossen, weggesperrt, eingefroren. Sonst hätte man nicht überlebt, sonst wäre also kein erwachsener Mensch da, der die damaligen Schmerzen aus der heutigen Perspektive fühlen und, weil er oder sie erwachsen ist, auch ertragen könnte. Sobald man von heute aus mit dem „Damals" in Kontakt kommt, berührt man unwillkürlich solche alten Schmerzen und fühlt ihr Echo in sich. Im Unterschied zum damaligen Original ist das Echo durchaus zu ertragen, aber es tut immer noch weh.

3. Die Selbstliebe bezieht sich nicht auf feste Formen, wie etwa meine körperliche Gestalt, meine Fähigkeiten, meine Identität oder so etwas. Sie bezieht sich auf etwas, das keine Form hat, das der Form gegenübersteht oder innewohnt. Die formlose innere Lebendigkeit, das Selbst, ist ausschließlich an Entfaltung interessiert, also daran, in eine Form zu kommen und diese immer neu zu entfalten. In meinem Fall ist dies die Form meines Daseins.

   Diese Form, also Ich, ist jedoch, sobald sie einmal da ist, nur noch an der Selbsterhaltung interessiert, an nichts sonst. Das Ich fällt sofort in die Angst jeder Form vor der Auflösung, also in Todesangst, sobald es dem bodenlosen Selbst, dem formlosen Lebendigen in uns, nahekommt. Zu Recht, denn das Ich mit seiner Identität geht darin unter. Die Selbstliebe, dieses Vertrauen zum inneren Selbst in seiner Bodenlosigkeit, gibt es nur im „Jetzt", in der unmittelbaren Gegenwart. Ganz einfach, weil nichts anderes als die Gegenwart wirklich da ist. Das bedeutet: Sobald ich mich der unmittelbaren Gegenwart öffne, beginnt meine Identität sich aufzulösen.

4. Ein weiterer Anlass für den Schmerz des Gegenwärtigseins oder des inneren Erwachsenwerdens ist: Es gibt nichts zu tun. *„Es ist, was es ist, sagt die Liebe“* (Erich Fried). Nur die erwachsene, gegenwärtige, mit sich selbst entspannte Liebe kann etwas Derartiges sagen. Alle früheren Varianten meiner Person (Ungeborenes, Kind und Jugendlicher) schlagen bei dieser Nachricht sofort Alarm. Sie schreien innerlich: „Tu was!!!“. Der erwachsene Mann und die erwachsene Frau wissen, dass es nichts zu tun gibt. Jetzt ist jetzt, und außer im Falle akuter physischer Bedrohung für Leib und Leben gibt es nichts zu tun im Sinne von: „Da muss doch was zu machen sein, da muss ich unbedingt was ändern!“

   Dies bedeutet nicht, dass erwachsene Menschen immerzu passiv bleiben. Sie handeln dann, wenn es der gegenwärtige Moment erfordert. „Es handelt“, beschreibt diesen Vorgang genauer. „Es handelt“ durch mich, weil ich grad da bin, ähnlich wie meine Finger beim Schreiben.

Ich verdeutliche diese Eigenart der erwachsenen Selbstliebe nochmals im Gegenüber zur abhängigen Liebe der Jugend: Für Jugendliche klingt „es handelt durch mich“ schlicht nach Verrat. Verrat an ihren Idealen, an ihren Vorstellungen von Freiheit als Autonomie, an ihren Ideen von Selbstständigkeit, Herausforderung und dem, wofür es sich zu kämpfen lohnt. Für sie haben die Erwachsenen, die ihr Leben wahrnehmend geschehen lassen, einfach aufgegeben. Die jugendlich-abhängige Liebe im Ich-Bewusstsein versteht nicht das Geringste davon, dass es nach dem

Kampf noch etwas anderes gibt. Sie ahnt nicht, dass man wissen kann, wer man innerlich ist, dass das Leben einem entgegen kommen und einen zutiefst erfüllen kann. Ihr Daseinszweck ist die Suche. Sie begrenzt ihren Horizont. Zugleich findet sie in der Suche selbst ihre Erfüllung.

Das Finden ist im Ich-Bewusstsein nicht vorgesehen. Es muss alles, was über das Denken, den ihm innewohnenden Zweifel und den daraus erwachsenden Zwang zum Beweis hinausführt, für Scharlatanerie, für Spekulation oder für unseriös halten. Es muss außerdem die ihm innewohnenden Kontrollbemühungen verstärken, sich selbst gegenüber wie auch seiner Umgebung. Das Ich-Bewusstsein muss die Welt verändern, alles andere erträgt es nicht. Die abhängige Liebe der Symbiose ist immer ein Wollen und eine Anstrengung. Sie nimmt Raum ein. Die erwachsene Selbstliebe nach der Symbiose ist immer ein Lassen und etwas Müheloses. Sie gibt Raum.

Die innere Geburt

Was hilft also, um innerlich erwachsen in der Selbstliebe leben zu können und die abhängige Liebe hinter sich zu lassen? *Es hilft, die abhängige Liebe selbst zu lieben, in all ihren Erscheinungsformen.* Offensichtlich geht es dabei nicht um etwas Äußerliches, denn äußerlich sind wir erwachsen.

Das innere Erwachsenwerden ist nicht an äußere Zeichen gebunden. Man kann es unterlassen, und es gibt oft verständliche Gründe dafür. Man kann jahrzehntelang innerlich ein Jugendlicher oder eine Jugendliche bleiben und sich etwa der spirituellen Suche, dem Protest oder der Weltverbesserung widmen. Dabei tut man mittels Kontrolle und Aktion etwas gegen die gefühlte eigene Ohnmacht. Man kann innerlich ein Kind bleiben, etwa indem man von seiner Umgebung Schutz, Zuwendung und Geborgenheit verlangt. So erhält man sich das damalige Gefühl, der Umgebung, also der Welt etwa, ohnmächtig ausgeliefert zu sein. Man verharrt damit im Status des Opfers. Es ist auch möglich, innerlich in der Mutter zu bleiben, in der mütterlichen Höhle, ohne zu bemerken, dass man geboren und draußen ist. Dann ist alles gefährlich, was mit Lebendigkeit, Atmen und Draußensein zu tun hat. Eben wie für ein Ungeborenes.

Nichts daran ist falsch, aber es hat den Preis der eingeschränkten Lebendigkeit. Solange wir innerlich der abhängigen Liebe treu bleiben, suchen wir unser Heil in der Umgebung bzw. in der Abgrenzung von ihr, also in dem Versuch, die eigene Ohnmacht zu bannen. Diese Gesetze der Symbiose gelten nur solange, wie wir als äußerlich Erwachsene ihnen folgen.

Innerlich erwachsene Menschen hören damit auf. Und zwar immer dann, wenn es genug ist. Sie verbarrikadieren sich nicht mehr vor der eigenen Ohnmacht. Sie geben sich der Selbst-Liebe hin. Sie überlassen sich dem, was ist, innen wie außen. Viele vergleichen diesen Schritt mit einer inneren Geburt. Man wird zu sich selbst geboren. Es geht nicht mehr um die Umgebung, sondern um die Lebendigkeit in mir, um mein Selbst in seiner bodenlosen Lebendigkeit. Ich beziehe mich nicht mehr in abhängiger Liebe auf andere, etwa Partner, Eltern, Kinder, Freunde, den Verein, die Nation usw. Dabei sterben alle Erwartungen der abhängigen Liebe, die sie mit mir selbst und mit meiner Umgebung verbindet.

Oft ist dieser Sterbeprozess samt seiner Symptome der Anlass, sich therapeutische, beraterische oder seelsorgerliche Hilfe zu suchen. Er beginnt übrigens immer erst dann, wenn man sich unbewusst sicher genug dafür fühlt, also nicht mehr bedroht von den Abhängigkeiten des „Damals". Therapie, Beratung und Seelsorge haben aus meiner Sicht diesen Sterbeprozess weder zu forcieren noch zu behindern. Sie haben ihn zu begleiten. Dabei werden sie unwillkürlich zu Geburtshelfern für die nächste Lebensstufe, für das Selbst-Bewusstsein, für die Wahrnehmung der Freiheit.

Über die innere Geburt zur Selbstliebe ist schon viel geschrieben worden.[2] Ich beschreibe in den folgenden Absätzen die Rückseite der inneren Geburt: das Sterben der abhängigen Erwartungen.
All unsere Bollwerke gegen die Ohnmacht gehen dabei zugrunde, und wir haben viele davon. Zusammengefasst nennt man sie „Ego". Unser gedankliches Weltbild etwa existierte als ein mächtiges inneres Bollwerk gegen die Ohnmacht. Es diente uns als Gebärmutter für das jugendlich-autonome Ich, also für den Wächter und gleichzeitig den Gefangenen des Ich-Bewusstseins. Eine Gebärmutter aus Konzepten, aus rationalen Modellen, aus Erkenntnissen, Forschungsergebnissen und ihren technischen Anwendungen. Sie ist wesentlich größer als die emotionale Gebärmutter, welche die Familie für das Kind darstellte. Das Internet zum Beispiel gehört zur Gebärmutter des Ich-Bewusstseins, es ist gleichzeitig die modernste Form der kollektiven Symbiose.

Auf diese „gedankliche Gebärmutter" im eigenen Kopf reagiert

2. Ein früher Autor dazu war der Evangelist Johannes mit seiner Erzählung von Jesus und Nikodemus: Lutherbibel, Joh. 3, 1-21.

das Ich-Bewusstsein mit abhängiger Liebe. Etwas anderes kennt es noch nicht, auch wenn dies in sich selbst sozusagen die Verkehrung der abhängigen Liebe darstellt. Davon weiß es aber nichts. Es sagt: „Ich tue alles dafür, dass es euch gutgeht, ihr meine Gedanken, Konzepte, Ideale, Weltbilder, Erkenntnisse, Forschungsergebnisse und Anwendungen. Denn wenn es euch gutgeht, bin ICH sicher. Dann überlebt meine Individualität."

Die Idee von Individualität ist der Gegenentwurf zur kindlichen Ohnmacht. Vollständige Individualität heißt: Ich habe Macht über alle Umgebungen und Umstände, von denen ich einmal abhängig war, einschließlich meiner eigenen Natur.

> Eine Studentin Anfang zwanzig bekam einen Wutanfall, als sie in einer Diskussion gefragt wurde: „Was sagst du als Frau dazu?" Sie bestand darauf, ein „Individuum" zu sein und nicht einfach der Gruppe der Frauen zugeschustert zu werden. Für jeden sichtbar war sie eine Frau, aber sie wollte nichts damit zu tun haben.

Das Maß für die Geburtsreife des Ich-Bewusstseins ist die Neurose. Sie hat für die gedankliche Gebärmutter die gleiche Funktion, wie das gefühlte Gewissen der Kindheit sie für die emotionale Gebärmutter hatte. Im Mutterleib war es das physische Gewissen. Wenn in einer Lebensstufe das Gewissen als Zugehörigkeitsorgan in unlösbare Konflikte kommt, wird normalerweise die nächste Geburt eingeleitet.

Die Neurose als Zugehörigkeitsorgan zum gedanklichen Weltbild geht einem ähnlichen Schicksal entgegen. Sie soll Individualität gegenüber der Welt und der Natur und den Umständen und der Umgebung ermöglichen, indem sie ihnen ein Ideal entgegenhält und behauptet, dies sei wirklicher als das, was der Fall ist (etwa das faktische Frausein jener Studentin). Die Neurose soll die stabile Verbindung zum gedanklichen Weltbild gewährleisten, und sie schafft das auch. Ihr geht es nicht mehr darum, in der faktischen Abhängigkeit zu überleben, sondern spiegelverkehrt die individuelle Unabhängigkeit gegenüber den Gegebenheiten des Lebens zu behaupten, um nie wieder von irgendetwas abhängig zu sein. Der Neurose geht es um die Abwehr dieser Ohnmacht. Wenn sie in unlösbare Konflikte kommt, dann zweier Gegner wegen.

Ihr erster Gegner ist das Selbst, wieder einmal. Ich weiß nicht genau, was das ist, aber ich spüre es als innere Lebendigkeit. Und die geschieht mir einfach. Sie setzt sich durch, und zwar umso nachdrücklicher, je weiter wir zeitlich unserer tatsächlichen primären Abhängigkeit entwachsen sind. Sie kann mit Plänen wie etwa Lebensentwürfen, Lifestyle, Karriere, Familien- oder Gesundheitsvorsorge nichts anfangen.

Unser lebendiges Selbst begegnet unserem gedachten Selbst, dem „Ich" mit demselben Gleichmut, wie sich ein Bach seinen Weg durch ein Tal bahnt, egal wie hart der Grund ist, oder auch mit derselben tosenden Ruhe, mit der Stürme, Überschwemmungen oder Erdbeben alles durcheinanderwerfen und auf nichts dabei Rücksicht nehmen. Das Selbst geschieht einfach. Die Theologie des Gruppenbewusstseins nennt es den Teufel und versammelt darunter alles, was der Unschuld der abhängigen Liebe entgegensteht.

Der zweite Gegner der Neurose sind die Fakten des Lebens und unsere Ohnmacht ihnen gegenüber. Wir haben nicht in der Hand, ob wir nun eine Frau, ein Mann oder ein von über 100.000 Menschen in Deutschland sind, bei denen ihre physische Natur diese Entscheidung offenlässt. Wir haben nicht in der Hand, wann, wo, von wem und wie wir gezeugt, geboren und aufgezogen werden.

Wir haben nicht in der Hand, in wen wir uns verlieben, wann und für wen wir Eltern werden, wie unsere Kinder sind (gesund, krank, Mädchen, Junge usw.). Erst recht haben wir nicht in der Hand, wann wir sterben. Wir können unser Leben zwar jederzeit abbrechen, aber nicht verlängern. Das Leben geschieht einfach. Um uns herum und in uns drin. „Um uns herum" nenne ich das Leben: „die Anderen" und „die Welt". „In uns drin" nenne ich es „Selbst".

2. Wie die Reife liebt

> Als Tischlerlehrling sollte ich eines Tages einige sehr lange Bohlen an ihren Enden quer zur Faser behobeln. Man nennt das „Hirnholz putzen", es muss seidenmatt glänzen. Ich mühte mich ab mit dem Putzhobel, es stuckerte und klemmte. Ein Krater nach dem anderen entstand, gar nichts glänzte. Der Meister kam vorbei, ein untersetzter Mann von knapp sechzig Jahren. Ich beklagte mich: „Das geht überhaupt nicht." Er grinste, spannte die Bohle anders ein und hobelte die Enden mit feinen Stößen. Es sah ganz leicht aus, und am Ende konnte man sich darin spiegeln. Ich schaute ungläubig, und er meinte: „Das wird schon. Ich hab jahrelang im Flugzeugbau gearbeitet, Spanten hobeln auf 1/10 Millimeter Genauigkeit."

In der Berufswelt gibt es Menschen, die über lange Zeiträume täglich das getan haben, „was ihnen entspricht". Sie sind oft derart tief in ihre Materie vorgedrungen, dass ihr Handwerk kaum noch von Kunst zu unterscheiden ist. Ihre Tätigkeit wurde allmählich zu ihrem Wesen und umgekehrt. Sie brauchen wenig Kraft, es sieht leicht aus, es geht unglaublich schnell, und es wird richtig gut. Sie verkörpern eine Reife, die jüngeren Menschen oder Berufsanfängern fremd ist. „Was ihnen entspricht" ist hier gleichbedeutend mit „was sie lieben", auch wenn sie selber es oft nicht so ausdrücken würden. Sie tun es einfach, und sie können ihre oft schwere Arbeit nur deshalb auf diese Weise tun, weil sie sie (unbewusst) lieben. Und sie können sie nur lieben, wenn sie ihnen entspricht, wenn sie also aus dem Leben kommt, *„mit* dem sie geboren wurden"[3], aus ihrem Selbst, ihrer inneren Vision.

3. Hillmann.

In vielen Berufsgruppen und Branchen habe ich Menschen in dieser Reife ihres Tuns gesehen, etwa bei den Bäuerinnen und Bauern meiner Pfarrdörfer. Sie gingen stundenlang gebückt mit der Hacke über ihre Äcker oder durch ihre Gärten. Sie klagten selten, sie blieben einfach dabei, bis die Arbeit getan war. Sie schafften unglaublich viel. Das ist nur möglich, wenn man es liebt, sonst fühlt es sich an wie Strafarbeit.

Eine solche Reife kann man nicht erstreben, also durch persönliches Wollen, unzählige Weiterbildungen oder Entwicklungscoachings erreichen. Sie geschieht von selbst oder gar nicht. Es geschieht in dem Maße, wie man sich dem ergibt, was man da täglich tut. Indem man immer wieder innerlich erlauscht, erspürt und empfindet, was diese Arbeit, dieses Material, diese Aufgabe von einem braucht. Die meisten Menschen tun dies unwillkürlich, unbewusst. Die reife Liebe gehört für mich zum Bereich der Selbstliebe. Hier geht es nicht mehr darum, es irgendjemandem Recht zu machen, sondern allein darum, sich selber zu folgen.

Dieses und das folgende Kapitel über das Alter werden etwas kürzer ausfallen, denn ich weiß mehr Äußerliches als Inneres darüber. Eine Bewusstseinsstufe wird ja erst von innen her sichtbar und damit wirklich erkennbar, wenn man sie verlassen hat, wenn die Art der Liebe, welche sie geöffnet und gestaltet hatte, uns in die nächste Stufe gedrängt hat. Ich versuche hier, diesen Reifevorgang bewusst zu machen. Ich schaue darauf, wie sich die reife Liebe nicht nur im beruflichen, sondern auch im persönlichen Leben zeigen kann.

Von der Selbstverwirklichung zur Hingabe

Zu Beginn des zweiten Teils konnten wir sehen, wie die erwachsene Liebe aus einer Hinwendung zum eigenen Inneren, zum „Selbst“, erwächst. Die Selbstliebe entdeckt, dass es möglich ist, sich dem gegenwärtigen Moment völlig zu überlassen und dabei alles, was geschieht, quasi als Zeuge oder Zeugin *wahrzunehmen.*

Die reife Liebe findet ebenfalls im Inneren statt. Sie bleibt aber nicht dort, sondern geht nach außen in die Tat, ohne dabei etwas zu wollen. Sie geht den Schritt von der Zeugenschaft zur Täterschaft. Sie *weiß* aus dem Moment heraus, was gerade getan werden will. Gelegentlich ist dies nicht zu unterscheiden von dem, was getan werden muss, oft wirkt es aber wie das Gegenteil.

> Ein Freund rief mich dieser Tage an und erzählte mir, sein Leben sei recht einfach geworden: Er tue von Stunde zu Stunde das, was aus sich heraus zu tun sei, und das wäre es dann. Es würde ihm viel Freude und vor allem Erfüllung bringen. Er staune, was ihm dabei alles gelänge und wie viel Energie diese Art zu leben für ihn und seine Umgebung freisetzen würde. Es wären sicher nicht alle einverstanden mit dem, was er nun tue und vor allem nicht mehr tue, aber das würde nicht so im Vordergrund stehen.

Die reife Selbstliebe hat das eigene Wollen aufgegeben, nachdem sie den gegenwärtigen Augenblick als das Sicherste im Leben überhaupt erkannt hat und sich damit vertraut machen konnte, aus diesem Augenblick heraus zu handeln. Sie hat gesehen, dass jegliches eigene Wollen ein Ausdruck unseres Überlebenstriebes ist und sich daher dem gegenwärtigen Augenblick entgegenstemmt. Das Wollen kommt aus dem „Damals“, wie übrigens auch die Idee vom freien Willen.

Hierzu ein kurzer Ausflug zum „freien Willen“, also zur „heiligen Kuh“ unseres westlichen Selbstverständnisses. Der menschliche Wille ist aus meiner Sicht immer ein Überlebenswille, auch der „freie Wille“. Damit gehört er zu den Erscheinungsformen der abhängigen Liebe. Sobald ich nicht mehr überleben muss und dies wirklich erkannt habe, brauche ich gar keinen „Willen“ mehr, auch keinen freien. Dann lebe ich einfach. Das heißt, ich folge dem, was gerade auftaucht, weiter nichts. Es gibt nichts zu erreichen und demzufolge auch nichts zu überwinden. Der Wille wird arbeitslos. Damit verliere ich nicht etwa jeden inneren Antrieb, sondern ich gewinne überhaupt erst einen solchen. Ein von innen her aktiver Antrieb *zu etwas* wird möglich, wenn jener „Wille“ still werden durfte, der sich *gegen etwas* richtet.

Wie kann das sein? Nun, ein „Wille“ richtet sich immer gegen etwas. Dafür ist er da, das ist seine Aufgabe. „Wille“ und subjektiv empfundene Bedrohung bedingen einander. Der Ursprung des Phänomens „Willen“ ist jene aggressive Kraft, die sich um unser Überleben kümmert, die tief in uns verankert für Kampf, Flucht oder Lähmung sorgt, wenn wir uns bedroht fühlen. Diese Kraft lässt einen Säugling mit Nachdruck schreien, wenn er hungrig ist, ein Kleinkind zum ersten Mal „Nein“ sagen, wenn es nicht gesehen (und dadurch bedroht) wird, ein Schulkind sich anstrengen, obwohl es keine Lust hat (um weiter dazugehören zu dürfen und so die Bedrohung des Verlorengehens abzuwenden), Jugendliche verbissen um Autonomie kämpfen, weil sie sich von der Familie lösen müssen (und anders keine Chance haben, das zur erfolgreichen Fortpflanzung nötige eigene Leben zu etablieren).

Landläufige Erscheinungsformen des Phänomens „Wille“ sind etwa: „sich ein Ziel vornehmen“, „etwas durchsetzen“, „etwas unbedingt erreichen müssen", „seine Träume verwirklichen" usw.. Sie alle haben in der Tiefe den Willen zum Überleben als Ausgangspunkt und Antrieb. Der Überlebenswille wird natürlich nur aktiv, wenn man sich subjektiv bedroht fühlt, ob bewusst oder unbewusst. Offenbar fühlt man sich als westlicher Mensch recht oft bedroht, sonst würde der Wille nicht ein so hohes Ansehen genießen wie hierzulande.

Ich nehme das Phänomen „Willen" bei mir selbst und bei anderen als eine zielgerichtete Intention wahr, die alle Widerstände auf dem Weg zum Ziel zu überwinden oder zu umgehen versucht. „Umgehen" und „Überwinden" sind Synonyme für „Kämpfen". „Wille" ist nichts anderes als die Bereitschaft zum Kampf. „Freier Wille" bedeutet nun, dass man sich dazu sein Ziel nicht von irgend jemandem vorschreiben lässt, sondern es sich selber aussucht. Wenn man dazu noch mit der Idee des „freien Willens" identifiziert ist, glaubt man fest daran, dass man beim Aussuchen des Zieles für seinen Willen, also für zutiefst in uns verwurzelte Überlebensreaktionen, die freie Wahl hat.

Von hier aus ist gut zu sehen, dass der freie Wille eine Illusion ist, denn Überlebensreaktionen sind nicht steuerbar. Niemand kann bewusst auswählen, was genau er tut, wenn es ums blanke Überleben geht. Ein Ertrinkender wählt nicht aus, an welchen Hals oder welche Rettungsinsel er sich klammert. Er greift einfach zu. „Ziele" im Sinne des „freien Willens" sind nichts anderes als Rettungsinseln.

Die Idee der Selbstverwirklichung im jugendlichen Ich-Bewusstsein ist das Hauptziel des „freien Willens". Als menschlicher Entwicklungsraum scheint mir diese Idee unumgänglich, auch im kollektiven Sinne. Gleichzeitig bleibt sie eine mächtige

Illusion. Genau genommen ist der „freie Wille" so etwas wie die letzte Bastion der Symbiose, also der unbewussten Verwechslung mit einer Umgebung, von der man abhängig ist oder sich noch abhängig wähnt.

Was *kann* man dann noch, wenn der „freie Wille" nichts ist als eine Illusion? Hängen am „freien Willen" nicht so große Worte und Werte wie „Individualität", „demokratische Selbstbestimmung" oder die „Schuldfähigkeit" eines Menschen im Rechtsstaat? Alles Illusionen? Das Ich-Bewusstsein jedenfalls erlebt sie als real, denn in seinem Kontext sind sie überlebensnotwendig.

Es gibt jenseits des „freien Willens" zwei Dinge, die man *können* kann. Beide erzeugen unmittelbare Freiheit, also etwas ganz anderes als Autonomie[4]. Zugleich sind sie erst in innerer Freiheit möglich.

1. Man kann „wollen", was man heimlich liebt. Dies ist eigentlich kein Wollen, sondern ein Zustimmen, ähnlich wie: „Ja, ich will." Man ergibt sich der eigenen Realität.

> Jahrzehntelang kam ich zu spät, zur Schule, zur Arbeit, zu Prüfungen und Verabredungen. Es brachte mir jede Menge Stress und Ärger ein, aber mein „freier Wille" konnte mich so gut wie nie dazu bringen, rechtzeitig loszugehen.

4. Autonomie, Leben nach „eigenem Gesetz", emanzipiert sich fortwährend von einer Abhängigkeit, der sie entwachsen will. Dadurch bleibt sie ihrer „damaligen" Abhängigkeit heimlich treu und an sie gebunden. Autonomie ist immer bedingt. Freiheit weiß um das Ende der eigenen Abhängigkeit. Sie entsteht aus der Selbstliebe zum „Jetzt" und wendet sich dem zu, was ihr aus dem Augenblick entgegenkommt. Freiheit hat keine Bedingungen und stellt keine. Sie ist unendlich und unberechenbar.

Seit dem Augenblick jedoch, wo ich mir selber nicht mehr sagte: „Ich *kann* eben nicht pünktlich sein", sondern: „Ich *will* nicht pünktlich sein", veränderte sich etwas, ganz von allein. Ich ertappte mich immer öfter dabei, wie ich ein paar Minuten eher da war. Und zwar, ohne mich zu beeilen oder mir Mühe zu geben.

Was ist das? Ich erlaube meiner eigenen Wahrheit, so zu sein wie sie ist: Ich *will* nicht pünktlich kommen. In dem Moment, wo ich von „Ich kann nicht" zu „Ich will nicht" gehe, verlasse ich den Bereich des „Damals" und betrete das „Jetzt". Dabei komme ich sofort in meine Kraft. Ich werde vom hilflosen Opfer eines persönlichen „Mangels" zum Täter desselben. Ich antworte dem Moment, so wie er gerade ist: „Ich *will* zu spät kommen". Dafür nehme ich das Gerenne zur S-Bahn, die Verwünschungen der anderen und meine eigenen Schweißausbrüche in Kauf.

Die ohnmächtige Klage des „Ich kann nicht" verhallt, denn nur das Ungeborene, das Kind oder die Jugend können in ihrer Abhängigkeit wirklich nicht. Erwachsene können. Erwachsene können wahrheitsgemäß etwa sagen: „Ich will alles vor mir herschieben", statt: „Ich kann nicht rechtzeitig anfangen", „Ich will weiterhin rauchen", statt: „Ich kann nicht aufhören", „Ich will keine Nähe", statt „Ich kann keine Nähe aushalten", „Ich will weitersaufen", statt: „Ich kann nicht ohne", „Ich will nicht so viel wert sein", statt: „Ich kann nicht genug Geld verdienen".

Sicher, das ist eine Zumutung. Dabei sterben die Ansprüche der abhängigen Liebe, wie wir es im Kapitel über die innere Geburt sehen konnten[5]. In dem Moment, wo wir uns wirklich hinter die abhängige Liebe des Ungeborenen, des Kindes oder Jugend-

5. Zweiter Teil, Kap. 1, S. 107.

lichen stellen, sind wir frei, also in unserer Gegenwart angekommen: Ich tue immer, was ich will, auch wenn ich es nicht will.

2. Was man jenseits des „freien Willens“ können kann, ist: Man lässt es wollen. „Es“, der Akteur dabei, ist unser Selbst in der Gegenwart, also der momentane Augenblick, das „Jetzt“. Wenn der Meister hobelt, könnte er auch sagen: „Nicht ich tue, sondern ich werde getan.“ Und am Ende glänzt das Holz. Ein Meister wird zum Instrument für den Impuls aus dem gegenwärtigen Moment, er stellt sich zur Verfügung.

Der Weg dorthin ist so unmittelbar wie der gegenwärtige Moment selbst: wahrnehmen, realisieren, fühlen, verstehen und anerkennen, dass man überlebt hat, dass man nicht mehr ums Überleben kämpfen muss. Für unser Gehirn sind ausschließlich subjektive Eindrücke entscheidend, Tatsachen spielen keine Rolle, aus Sicherheitsgründen. Viele Alltagssituationen von erwachsenen Menschen erinnern sie unbewusst an früher als bedrohlich erlebte Situationen. Sie „triggern“: Ein Gedanke, eine unbewusste Körpererinnerung, ein inneres Bild, ein Geruch oder was auch immer können Eindrücke liefern, anhand derer das Gehirn auf „Überleben“ schaltet. *„Überleben“* hieß: „Ich nehme mir etwas vor, denn so wie es gerade ist, kann es nicht bleiben.“ Die Umgebung (und das kann auch ich selbst sein, etwa ein Gefühl oder eine Regung meines Körpers) fühlt sich einfach zu bedrohlich an. Daher muss ich *etwas wollen.*

Im Gegensatz dazu heißt *„Leben“:* „Ich muss mir nichts vornehmen, denn ich bin entspannt mit dem, was gerade ist, so wie es ist.“ Ich empfinde keine Bedrohung, also muss ich auch *nichts wollen.* Ich kann meinen inneren Impulsen vertrauensvoll folgen. So wie die erwachsene Liebe erkannt hat, dass sie nicht ihr

Denken, Fühlen und Spüren ist, sondern das Wahrnehmen all dessen, erkennt die reife Liebe, dass nicht sie selbst das maßgebliche Wollen und Tun ist. Sie lässt es wollen und tun.

Auf die „Selbstverwirklichung“ bezogen, bedeutet das: Nicht ich verwirkliche mich selbst, sondern mein Selbst verwirklicht mich. Ich gestatte meinem Selbst, sich so in die Tat umzusetzen, wie es grad will, mit mir als Tatwerkzeug. Dabei verliere ich die letzten Reste an Kontrolle über mein Leben, denn niemand weiß, wohin mein Selbst mit mir will. Lebendigkeit ist nicht vorhersagbar. Ich weiß es nur von Moment zu Moment, aber ich weiß es dann auch. Man „weiß“ dann einfach, worum es geht, wo man gerade hinschauen muss und was zu tun ist.

Woher dieses Wissen kommt, weiß ich nicht. Es erscheint immer im jeweiligen Moment als dessen innere Wahrheit. Sie ist anders, kraftvoller und präziser als das, was man sich mit Hilfe seines freien Willens selbst hätte ausdenken, planen oder vornehmen können. Sie verlangt Hingabe, also den Verzicht auf Kontrolle, und einen Sprung in die Tat, wie sie gerade aus dem Moment heraus erscheint.

> Michelangelo soll einmal gefragt worden sein, wie er es denn geschafft hätte, den David so kunstvoll in den Marmor zu meißeln. Er meinte: „Nun ja, ich hab einfach alles weggenommen, was zuviel war.“ Er „wusste“, wie sein David auszusehen hatte, für ihn war er praktisch schon in dem rohen Marmorblock drin. Ähnliches berichtet auch René Magritte, der surrealistische Maler: Ihm ginge es um völlige Geistesgegenwart, in der das zu malende Bild fix und fertig innerlich erscheinen könne. Seine Aufgabe bestünde dann nur noch darin, es mit Pinsel und Farben auf die Leinwand zu übertragen.

Ich nenne dieses Phänomen „Gegenwärtigkeit". Es ist der zentrale Begriff in meiner Art und Weise, Psychologie als ein „Reden vom Lebendigen" zu betreiben. In dem Augenblick, wo man sich dem gegenwärtigen Moment öffnet, sagt er einem unmittelbar, was gerade zu tun ist. Dies mag mit den eigenen Plänen nichts zu tun haben, es hat jedoch aus sich selbst heraus eine zwingende Kraft.

Alles, was man früher gelernt hat, sei es der Umgang mit Hobel, Hacke, Pinsel oder Worten, kommt einem hierbei zugute, genau in dem Maße, wie es der Augenblick verlangt. Gleichzeitig wird es gedehnt, erweitert und vertieft. Das Tun des Gegenwärtigen fühlt sich an wie eine ständige Herausforderung und eine Erfüllung zugleich. Ein ewiges Abenteuer, denn der Augenblick ist immer neu. Nebenbei beginnt das Leben sich entspannter, lebendiger und einfacher anzufühlen.

Ich muss nicht mehr alles machen

> Manchmal bitte ich Klientinnen oder Klienten passenden Alters bei der Arbeit mit dem Lebensintegrationsprozess auf die „Fünf", also auf einen Bodenanker in der Aufstellungsarbeit, der der reifen Selbstliebe oder dem „Wissenden Geist-Bewusstsein" entspricht. Es geht dabei nur darum, wahrzunehmen, wo man innerlich grad ist. Eine Frau sagte, kaum dass sie dort stand: „Och, jetzt muss ich nicht mehr alles machen." Sie wirkte erleichtert und gleichzeitig klar.

Der Eindruck, immer etwas machen oder ein bestimmtes Ziel erreichen zu müssen, kommt aus der abhängigen Liebe. Er ist auf die Umgebung bezogen, so wie wir sie als Ungeborene, als Kinder oder als Jugendliche erlebt und verinnerlicht haben.

Auch das oft damit verbundene Gefühl der Überforderung, des Nichtgenügens und der Ohnmacht hat dort seinen Platz. Es gehört zu unserem „Damals". In der reifen Selbstliebe tun wir nur das, was der Augenblick von uns verlangt.

Davon hat die Umgebung häufig einen weit höheren Nutzen als vorher, aber wir sind innerlich nicht mehr darauf angewiesen. Die Bestätigung für unser Tun kommt nicht aus der Umgebung, also nicht mehr aus dem Ergebnis unserer Arbeit und seiner Anerkennung, sondern aus dem Tun selber. Wir tun nichts. Es tut uns.

Der Wust der Aufgaben wird sofort überschaubarer, im Grunde löst er sich auf. Wir haben ja immer nur einen Augenblick zur Verfügung, und der verlangt immer nur nach einer Tat. Und diese eine Tat ist gerade die Wichtigste, weil die einzig Angemessene. Das kann eine berufliche Aktion sein, das kann der Kuss auf den Kopf des Kindes oder den Mund der Liebsten sein, oder eine tagelange Reihe von Momenten ohne äußere Aktivität, Nichtstun genannt.

Der Moment ist weise, nicht ich. Anders gesagt: Mein gegenwärtiges Leben im „Jetzt" weiß, was es gerade will und braucht. Mein „damals" trainiertes Überlebenswissen wird nur im Falle von Erdbeben, Feuersbrünsten oder anderen Katastrophen benötigt. Hier ist aber grad kein Erdbeben.

3. Wie das Alter liebt

In meiner Pfarrerzeit hatte ich verschiedene Pflegeheime zu betreuen. Einen Herrn von fast hundert Jahren besuchte ich sehr gerne. Immer, wenn ich kam, saß er in seinem Sessel am Fenster. Er war blind geworden und konnte allein nicht mehr aufstehen. Früher hatte er Bücher geschrieben. Manchmal sprachen wir über sie, oder über seine Enkel, auch über die Pflegerinnen. Er fand die Mitarbeiterinnen hinreißend freundlich, das Essen gut und die Atmosphäre entspannt. Dieser Mann strahlte eine tiefe Freude aus. Er hatte sein ganzes Leben innerlich zur Verfügung, bewegte sich mit Leichtigkeit darin und war mit allem einverstanden, das ihm noch begegnete. Er hatte nichts mehr zu tun, er saß nur da und strahlte.

Ich sehe schon, dass das Altwerden nichts für Feiglinge ist. Es gibt dann oft nur noch wenige Menschen, mit denen man sein Lebensgefühl teilen kann. Außerdem muss man sich neu in seinem gebrechlich werdenden Leib beheimaten. Einen Wunsch für mein Alter hätte ich doch: dasitzen, nichts tun, und strahlen. Natürlich, diese Art des Altseins setzt voraus, dass man mit seinem Leben einverstanden ist, so wie es war, und so, wie es gerade ist.

Das Alter liebt das Ganze seines Lebens. Es hat angesichts des immer wahrscheinlicher werdenden Todes keine Zeit mehr, sich mit Äußerlichkeiten aufzuhalten. Es will nun ganz werden im Sinne von: Alles, was zu meinem Leben gehört an Ereignissen und Menschen, Wahrnehmungen, Gefühlen und Gedanken, soll auch offiziell dazugehören dürfen. Wenn ich etwas nicht fühlen durfte, weil es zu bedrohlich für mich war, wird es jetzt

Zeit dafür. Wenn ich etwas oder jemanden ausgeschlossen hatte, der zu mir gehört, wird es nun dringend, es oder ihn wieder hineinzunehmen. Wenn ich etwas mit mir herumschleppe, das nicht zu mir gehört, könnte ich es jetzt weglegen.

Manchmal helfen körperliche oder psychische Symptome dabei, sich dieser inneren Entwicklung zu überlassen. Ich habe den Eindruck, dass etwa die Demenz einem Menschen ermöglichen könnte, bestimmte Teile seines Lebens emotional wahrzunehmen, immer wieder zu durchlaufen und so zu sich selbst gehören zu lassen. Dazu schränkt sie die rationalen Fähigkeiten ein und konzentriert sich auf Fühlbares, auf körperliche Bewegung und auf emotional relevante Situationen aus der persönlichen Biografie. Die Demenz will nichts mehr wissen, die Demenz will fühlen. Außerdem scheint sie mit Nachdruck auf jene innere Lebendigkeit hinzuweisen, die ich in diesem Buch das „Selbst" nenne. Dazu zerstört sie die äußere Lebendigkeit, das „autonome Ich", also das, was wir im Alltag für unsere Identität halten.

Ich habe oft gesehen, welche Belastung dies für die selbst betroffenen Menschen und erst recht für ihre Umgebung darstellt. Liebe ist streng. Die Selbstliebe scheint im Alter endlich zu ihrem Recht kommen zu wollen, da die Lebenszeit nun knapp wird. Sie kümmert sich nicht um solche Zumutungen. Sie scheint zu wollen, dass wir erkennen und fühlen, wer wir wirklich sind, jenseits aller Zuschreibungen, die die abhängige Liebe in den Zeiten der Symbiose gefunden und zu unserem Ich erklärt hatte.

So wie die Pubertät dafür da war, der jugendlich-abhängigen Liebe den Weg in ein eigenes Leben außerhalb der Familie zu ermöglichen, ist ihre Rückseite, das Alter, dazu da, nun der

Selbstliebe den Weg in die eigene Lebendigkeit vollständig zu öffnen. Während die Pubertät der Ausdruck des dritten und letzten Stadiums der symbiotischen Liebe (in Symbiose mit dem Denken) war, ist nun das Alter der Ausdruck des dritten und letzten Stadiums der Selbstliebe. Sie findet komplett im Inneren statt, denn es gibt im Äußeren nichts mehr zu tun. Es gibt auch nichts mehr zu wissen. Es gibt nur noch etwas zu sehen, und zwar mit dem inneren, dem geistigen Auge.

Wir konnten in den vergangenen Kapiteln beobachten, wie bisher alle Gestalten der unbewussten Liebe ihr eigenes Feld, ihre typische Daseinsweise entwickelt haben. Im „Damals", im Bereich der Symbiose („mit der Umgebung sein") beherrschte die abhängige Liebe unser Leben: als Ungeborene im Feld des körperlichen Spürens, als Kinder im Feld des Fühlens, als Jugendliche im Feld des Denkens. Im „Jetzt", im Bereich des „Mit sich selbst seins" (jenseits der Symbiose) übernimmt die Selbstliebe die Orientierung: als Erwachsene in der Wahrnehmung, als reife Erwachsene oder „junge Alte" im (inneren) Wissen, im Alter im (inneren) Sehen[6].

Wenn man diese Lebensstufen auch innerlich durchläuft und sich damit von der Bewegung des Lebens mitnehmen lässt, wird der zur Verfügung stehende Lebensraum immer größer. Während der ersten drei Lebensstufen geschieht dies im Äußeren. Nach der geistigen Geburt ins Innere, also nach dem Ende der Symbiose und der mit ihr verbundenen Identität, verlagert sich die Erweiterung des Lebensraumes ins Innere. Es gibt dabei keine Grenzen, die innere Welt ist genau so unendlich wie die äußere.

6. Die „Gestalten der unbewussten Liebe" korrespondieren mit den Bewusstseinsstufen nach Nelles.

Alte Menschen sehen innerlich das Leben selbst, auch wenn ihre Augen und ihr Körper schwach geworden sind. Das Alter kann dabei von den vorherigen Gestalten der unbewussten Liebe, also von den vorausgehenden Lebens- und Bewusstseinsstufen, nicht wirklich verstanden werden. Nur wenn man eine Gestalt der unbewussten Liebe bereits verlassen hat, kann man sie sehen, wird sie bewusst. Wenn ich als jüngerer Mensch auf das Alter schaue, ist das Einzige, was ich sehen kann: Da gibt es noch etwas, eine Art von Leben, deren Inneres sich der eigenen Vorstellungskraft entzieht.

> Eine über achtzigjährige Bäuerin, die ich vor Jahren zu besuchen pflegte, hatte ihr Leben lang unter schweren Schmerzen in den Gelenken gelitten. Sie kochte mir gern Kaffee, den sie jedes Mal frisch mit der Handmühle zubereitete. Einmal antwortete sie auf die Frage nach ihrem Ergehen: „Ach wissense, Herr Pfarrer, wenn das Leben stimmt, ist die Gesundheit nicht mehr so wichtig."

4. Vom Tod

Der Tod ist groß.
Wir sind die Seinen
lachenden Munds.
Wenn wir uns mitten im Leben meinen,
wagt er zu weinen
mitten in uns.
(Rainer Maria Rilke, Buch der Bilder).

Über den Tod gibt es jede Menge Vorstellungen, aber kein Wissen. Was man in seinem Zusammenhang sieht, ist das Sterben. Den Tod selbst kann man nicht sehen. Wann genau er eintritt, ist noch immer umstritten. Auch die Nahtoderfahrungen erzählen vom Leben, eben von jenen letzten Momenten des Lebens, die zum Tode hinführen. Vom Tode selbst sprechen sie nicht. Davon könnte niemand aus eigener Erfahrung berichten, denn er oder sie wäre ja dann tot. Menschen mit Nahtoderfahrungen leben aber, sonst wüsste niemand von ihrem Erleben.

Tod und Liebe

Mein Vater, seit vielen Jahren halbseitig gelähmt, teilte mir vor ein paar Wochen seine neueste Entdeckung mit: „Je eingeschränkter das Leben, umso größer die Freude daran." Er feiert jeden Tag, dass er da ist. Seine Beerdigung hat er übrigens genauestens geplant, vor Jahren schon. Als alles Nötige dazu besprochen war, gingen wir in seine Stammkneipe, Bier trinken und etwas Gutes essen.

Mich interessiert hier, was der Tod im Zusammenhang der beiden Pole der Liebe bedeutet, also aus der Perspektive der abhängigen Liebe und der Perspektive der Selbstliebe. Beide Perspektiven erscheinen mir so gegensätzlich wie nur möglich.

Wir erinnern uns: Die abhängige Liebe ist Ausdruck und Gestalt unseres Überlebenstriebes. Sie hat nur einen Zweck: den Tod zu vermeiden. Für sie ist der Tod „der letzte Feind, der vernichtet wird“[7]. Sie weiß jedoch nichts über ihn. Das heißt, der Tod ist leer für sie. Das Einzige, was sie auf ihn bezogen kennt, ist die Angst vor ihm, die Todesangst. In der Todesangst hat sie ihren Antrieb. Sie projiziert die Vorstellung der eigenen Vernichtung auf den Tod und wirkt dem mit allen Mitteln entgegen. So hilft sie, die Form „Mensch“ zu erhalten.

Der Selbstliebe als Ausdruck und Gestalt unseres Wachstumstriebes hingegen ist das Phänomen „Tod“ völlig unbekannt. Sie bezieht sich auf keine Form, sondern auf das formlose Lebendige in uns, auf das „Selbst“. Den Tod, also die Vernichtung, gibt es nur für eine Form, für etwas, das da ist, so wie ich oder Sie. Etwas Formloses wie das Selbst wird davon nicht berührt. Daher gibt es für unser Selbst nichts zu beschützen und nichts zu verlieren. Das bedeutet: Für die Lebendigkeit in uns, für unseren Ursprung, gibt es keinen Tod, auch keine Angst vor ihm. Es kennt keine Zeit, denn aus seiner Sicht ist immer „Jetzt“. Es kennt kein Vergehen, nur ein ständiges Erschaffen.

Aus meiner Sicht hat der Tod in zwei Richtungen eine entscheidende Bedeutung für unser Sosein als Menschen und für unsere Lebensqualität. Die eine Richtung betrifft unser Herkommen als

7. Lutherbibel, 1 Kor 15, 26.

Gattung. Ich hatte dazu schon kurz von Wolfgang Giegerichs Theorie der Entstehung des menschlichen Bewusstseins gesprochen. Er geht davon aus, dass unser Bewusstsein als ein inneres Bild von „Ich bin“ nicht hätte entstehen können ohne die aktive Erfahrung des Todes[8]. Die aktive Erfahrung des Todes ist das Töten. Vor vielen Hunderttausenden von Jahren jagten unsere Vorfahren gemeinschaftlich ihr Großwild und begingen Opfer. Dabei hat sich offenbar eine doppelte Erfahrung millionenfach wiederholt: „Ich steche oder schlage zu, atme weiter und sehe, was geschieht“, und: „Das von mir erstochene oder erschlagene Lebewesen blutet, hört auf zu atmen und bekommt trübe Augen“. Die Differenz von „Zustechen/ Schlagen“ auf meiner und „Sterben“ auf der anderen Seite führte mit der Zeit zu einer Wahrnehmung von: „Ich bin da“. Damit konnte das entstehen, was uns zu Menschen macht: ein inneres Bild von uns selber. Darin sehen wir ein tötendes Wesen auf zwei Beinen, welches selber weiterhin lebt. Ohne den bewusst wahrgenommenen Tod wären wir nicht zu Menschen geworden, die „ich bin“ empfinden und sagen können.

Die andere Richtung betrifft den Unterschied zwischen „Leben“ und „Überleben“ als Grundgefühl in unserem Dasein. „Überleben“ hat etwas mit dem subjektiven Eindruck von Bedrohung zu tun. Die entsprechende Bewegung ist die des Rückzuges, der Verengung und der Anspannung. Darin sucht sie Sicherheit, wie geboten von der Dynamik der abhängigen Liebe. „Leben“ hat etwas mit dem subjektiven Gefühl von Sicherheit zu tun. Die entsprechende Grundbewegung geht nach vorn, öffnet und entspannt sich. Darin entfaltet sie sich nach der Dynamik der Selbstliebe.

8. Giegerich: Gewalt aus der Seele.

Beide Pole der Liebe werden angesichts des Todes besonders deutlich. Möglicherweise hat sich deshalb in einem Psalm, einem sehr alten Gebetslied der Bibel, die Zeile gehalten: „Herr, lehre uns bedenken, dass wir sterben müssen, damit wir klug werden.[9]"

„Überleben" bedeutet, ständig etwas machen zu müssen, um am Leben zu bleiben. „Leben" bedeutet, das, was ist, geschehen zu lassen, auch in mir selber. Anders ausgedrückt: Du stirbst sowieso zu deiner Zeit. Also hör auf, dich zu quälen, und freu dich deines Lebens.

Tod und Form

> Vor einiger Zeit ist etwas in mir gestorben. Danach hat es nicht mehr wehgetan. Ich war aber nicht tot, ich war noch da. Der teure Tote hatte als ein Gedanke bei mir gelebt. Er war ein wichtiger Gedanke, ein Konzept, im Grunde eine ganze Lebensidee gewesen. Gestorben ist, plötzlich und unerwartet, meine Idee davon, wie mein paarweises Zusammenleben vonstatten zu gehen hat. Sie hatte sich lange gequält, die Idee, über mehrere Jahre hinweg. Am Ende stellte sie sich als unheilbar heraus. Mehrmals war früher das Zusammenleben gestorben, die Idee hatte jeweils überlebt. Diesmal kam es anders. Diesmal starb die Idee.

9. Lutherbibel, Psalm 90,12. „Herr" ist übrigens ein im antiken Israel allgemein verwendeter „Tarnname" für „Gott". Seinen eigentlichen Namen „Jahwe" durfte man nicht aussprechen, um sich kein sprachliches Bild zu machen und um seine Unendlichkeit nicht in etwas so Begrenztes wie ein Wort zu pressen. Das hebräische Wort „Jahwe" ist nicht präzise übersetzbar, es oszilliert in seiner Bedeutung zwischen: „Ich bin", und: „Ich bin, der ich sein werde." Es gleicht darin dem „Ich bin da" in uns Menschen, dieser sprachlich nicht präzise fassbaren inneren Lebendigkeit, unserem Selbst.

Sie fand einen schnellen Tod in einem Feuersturm aus Entrüstung, Verzweiflung, Vorwürfen, Kränkung und Mordlust. Mitten im Drama wurde es plötzlich still, ganz weit innen. Es kamen keine Worte mehr. Der Strom aus Verteidigung, Rückzug und neuen Angriffen versiegte. Ich hatte nichts mehr zu sagen, innen hatte sich alles aufgelöst, es war nur noch Stille da. Sie dröhnte eine Weile nach von dem Lärm der Schlacht. Aber sie blieb. Einen Tag, zwei Tage, drei, bis heute. Erstaunlicherweise bin ich noch da. Wenn Freude kommt, bin ich Zeuge. Wenn Trauer kommt, auch. Ärger kommt vor, aber er bleibt nicht. Ich bin sein Zeuge, er spult sein Programm ab, dann geht er wieder. Auch die Liebe ist noch da. Sie ist deutlicher, klarer, und sie ist ganz bei mir. Früher dachte ich immer, die Liebe sei abhängig von dem, den man liebt. Offenbar stimmt das nicht. Meine Frau ist immer noch ganz anders als ich, aber das kränkt mich nicht mehr so. Ich kann sie besser sehen. Und ich finde sie immer wieder hinreißend.

Gestorben ist also eine Form. Gedanken, Ideen und Konzepte gehören zur Welt der Formen. Ich selber ja auch, wie alles, was es gibt. Ich bin Ausdruck des Ungeformten, welches mich hervorbringt. Das Ungeformte kennt keine Zeit und keinen Raum, ich schon. Mich gibt es nur eine Weile und immer nur an einem Ort. Der Punkt, an dem für mich Zeit und Raum zusammenkommen, ist das „Jetzt“, meine Gegenwart. Woanders gibt es mich nicht. Wenn man selbst nun stirbt, wenn der Tod also eintritt, was passiert dann? Die Form löst sich auf. Ihre Zeit hört auf, ihr Raum ebenso. Für die Form selbst ist dies lange Zeit das Schlimmste, was ihr passieren kann, ihr Untergang, ihre Vernichtung. Die abhängige Liebe ist ununterbrochen damit beschäftigt, genau dies zu verhindern. Auch dazu erzeugt sie in unseren frühesten körperlichen Abläufen die Angst vor dem Tod und all unsere Sicherungsmaßnahmen gegen die physische Vernichtung.

Wird das, woraus die Form hervorgekommen war, davon berührt? Es hat keine Zeit und keinen Raum. Die formlose Lebendigkeit, die in mir pocht und atmet, wird nicht berührt von meinen So sein als Form. Sie kann sich aber nur mit Hilfe meines Daseins als Form ihrer selbst bewusst werden. Sie braucht eine Form in Zeit und Raum, in meinem Falle also mich. In mir kann das Lebendig-Formlose zu sich kommen. In Ihnen auch. Ich vermute, dieses Zusichkommen passiert, wenn man in sich die Stille entdeckt. Dieses Namenlose, das nicht redet, das einfach nur wahrnimmt.

In allen Menschen lebt dieselbe Lebendigkeit. Sie hat mit dem Tod nichts zu tun, genau so wenig wie mit Zeugung und Geburt. Sie ist immer da. Der Tod trifft „nur" die Form. Er ist überhaupt die bestimmende Eigenschaft der Form. Formen haben räumliche und zeitliche Grenzen. Die zeitliche Grenze des Anfangs ist die Zeugung, die zeitliche Grenze des Endes ist der Tod. Das Lebendige, welches die Form hervorgebracht hat, hat auch die Phänomene von Raum und Zeit hervorgebracht.

Der Tod ist also reine Formsache, könnte man sagen. Hm, was nun? Jede Form will bleiben, ich auch. Wir haben bei der tief in unserer Körperlichkeit verwurzelten abhängigen Liebe gesehen, welche Zumutung das eigene Ende für jede Form bedeutet. Daneben sehen wir in der Selbstliebe, welche Verbindung die Form zum Ungeformten hat. Es geht darum, diese Verbindung zu spüren, zu leben und zu genießen. Dann wird die Form zum Traum, zum Spiel, zur Freude. Dann darf der Tod dazugehören, als natürliche zeitliche Grenze, ohne die das Leben als Spiel der Form gar nicht möglich wäre.

Aus dem Bestreben der Form, ihre Form zu behalten, kommt das Schwere. Veränderung ist Gefahr, für jede Form riecht Veränderung nach Tod. Form ist grundsätzlich instabil. Wenn die Form jedoch dem Tode folgt, wird es anders. Wenn der Tod in Ruhe seinen Job machen darf, die Form als solche überhaupt erst zu ermöglichen, dann muss sie sich den Veränderungen nicht mehr entziehen. Die Veränderungen unserer Form sind der Stoff, an dem das Leben sich entfaltet. Wenn der Widerstand gegen die Veränderung, gegen den Tod, aufhört, wird es leicht. Die Leichtigkeit ist die kleine Schwester des Todes. Sie geht ihm immer hinterher.[10]

10. Ich habe in einer Aufstellung gesehen, wie die Stellvertreterin für die Leichtigkeit dem Stellvertreter für den Tod unablässig hinterherlief. Die Leichtigkeit wurde erst wirksam, als die Klientin nicht mehr davonrannte, und sich dem Tod stellte.

III. Teil

„Echos“

Im ersten Teil dieses Buches haben wir den Schutzraum der Symbiose durchwandert. Wir haben sehen können, wie die unbewusste Liebe ihn in mehreren Bewusstseinsstufen gestaltet. Im zweiten Teil ging es um die Zeit nach der Symbiose, um den Raum der Freiheit, um unser „Jetzt". Es ist für jedes innere Lebensalter anders und immerfort neu. Wir schauten dazu auf die Selbstliebe und auf die von ihr gestalteten Bewusstseinsstufen.

Im dritten Teil schauen wir nun auf jene Überlebens- und Anpassungsleistungen aus der Zeit im Mutterleib, der Kindheit und der Jugend, die uns heute noch immer heimsuchen. Meist nehmen sie die Gestalt von Konflikten, Symptomen oder Krisen an. Sie gehören in ihrem Kern nicht zu unserer Gegenwart, zum „Jetzt", sondern zu dem, was vergangen ist, zum „Damals", zum „Schutzraum der Symbiose". Daher nenne ich sie „Echos".

Ich nähere mich einigen typischen Beispielen und schaue, wohin sie uns heute führen wollen. Wir Menschen scheinen die „Echos" aus unserer Vergangenheit unbewusst zu Hilfe zu rufen, wenn wir uns in einer ähnlich bedrohlichen Lage wähnen wie eben damals. Darin liegt einerseits der entscheidende Überlebensvorteil der menschlichen Art, zum Anderen aber auch ihre Wunde. Wir entwickeln Muster und Symptome, wir inszenieren Schwierigkeiten und Krisen, kleine und große Kriege bis hin zu der Annahme, dass wir unfähig seien zu lieben oder der Liebe nicht wert. Dabei haben wir niemals mit etwas anderem als mit Liebe zu tun, nur eben unbewusst.

In der Aufstellungsarbeit versuchen wir, einen Unterschied zu finden, der den Leidensdruck vermindert, wie sonst auch in Seelsorge, Beratung und Therapie. Die meisten Menschen kommen mit dieser Erwartung zu uns. Ich finde, völlig zu Recht. Ich suche jedoch nicht nach einer Lösung. Die Suche nach der Lösung setzt eine wie auch immer geartete innere Zielvorstellung voraus. Damit gehört sie zum Ich-Bewusstsein der Jugend. Sie ist, wie wir gesehen haben, nichts anderes als die Suche nach einer „Lösung von …“, im umfassenden Sinne. Als Klientin oder Klient kann ich kein Anliegen bzw. keinen Lösungswunsch formulieren, der nicht Teil meines eigenen Symptoms ist.

Darüber hinauszugehen wird erst möglich, wenn man die Frage nach dem, was Klienten hilft, von ihnen wegnimmt. Dazu braucht man die Perspektive der sicheren Gegenwart, den stabilen Kontakt zum „Jetzt“. Das ist eine große Entlastung. Es geht nicht darum, dass wir als Seelsorgerinnen, Berater oder Therapeutinnen etwa besser wüssten, was unsere Klienten brauchen, sondern darum, sich gemeinsam mit ihnen dem auszusetzen, was sie uns bringen. Ich analysiere weder das Problem noch konstruiere ich eine Lösung. Die Frage aus der Sicht des „Jetzt“ heißt: „Was will das Leben gerade von uns, wenn es uns ein solches Problem vor die Füße wirft?“ Die Klienten und Klientinnen werden von dieser Frage heimgesucht in Gestalt jener Konflikte, Symptome und Krisen, mit denen sie zu uns kommen. Uns Therapeuten, Beraterinnen und Seelsorger sucht sie heim in Gestalt der Klienten.

Wenn ich in dieser Arbeit einen Unterschied erkennbar, fühlbar und erlebbar machen kann, dann ist es der zwischen dem Bereich der abhängigen Liebe und dem Bereich der Selbstliebe. „Der Unterschied“ besteht zwischen den Überlebens- und Anpassungsleistungen, wie wir sie im Mutterleib, in der Kindheit und Jugend vollbracht hatten, und der inneren Öffnung, die sich ganz auf das bodenlose Selbst, auf die Innenseite unseres Lebens verlässt.

Das bedeutet: „Der Unterschied“ besteht zwischen „Jetzt“ und „Damals“, nirgends sonst. Es ist der Unterschied zwischen Symbiose und Freiheit, zwischen Illusion und Realität. Er wird sichtbar, wenn man erkennt, dass man nicht mehr von einer Umgebung abhängig ist, und damit beginnt, dem „Mit sich selbst sein“ zuzustimmen. Es bedeutet auch: Dieser Unterschied ist ohne erwachsene Spiritualität[1] nicht zu haben, also ohne die Bereitschaft, sich allein auf das Gegenwärtige, auf das Lebendige in sich selbst und in den Menschen gegenüber einzulassen.

Diese Bereitschaft nenne ich die „phänomenologische Haltung“. Sie ist das Herzstück meiner Arbeit. Ich folge dabei dem, was sich im „Jetzt“ gerade zeigt, ohne weitere Konzepte außer diesem. Das phänomenologische Vorgehen besteht aus der Bereitschaft, alle Erscheinungen zu sich kommen und bei sich wirken zu lassen, so wie sie sich zeigen. Dabei spielt es keine Rolle, über welche Sinneskanäle sich etwas zeigt und ob es als äußeres oder inneres Geschehen auftritt.

Meine Erkenntnisse und Interventionen kommen bei diesem Vorgehen unmittelbar aus dem Eindruck des Moments, nicht aus meiner Analyse desselben. Ich schaue nicht „hinter“ die Phänomene, sondern nehme sie, wie sie erscheinen, lasse mich berühren und setze mich dabei ihrer Wirkung aus. Dann äußere

1. Der Begriff „Erwachsene Spiritualität“, wie ich ihn in diesem Buch verwende, ist nicht gebunden an eine bestimmte Religion oder spirituelle Richtung. Er bezeichnet die innere Praxis der Hingabe an den jeweiligen Moment. In dieser Hingabe entsteht „erwachsene Spiritualität“ von allein.

ich diese Wirkung und schaue, wie sie bei meinem Gegenüber wirkt. Das Denken ist für diese Art der Arbeit viel zu langsam. Es hat seine Funktion später, beim Nach-Denken. Die Wirkung des Moments ist seine Wahrheit. Sie leuchtet auf, trifft und wirkt, und verschwindet wieder. Ich weise auf sie hin, bezeuge sie, und halte durch meine Präsenz den Raum dafür offen. Was Klientinnen und Klientinnen daraus für sich nehmen, liegt bei ihnen.

Zu Beginn meiner Arbeit mit Aufstellungen war es mir fremd, meine inneren Vorstellungen, Einschätzungen und Analysen dessen, was erschien, einfach vorüberziehen zu lassen. Ich lernte nach und nach, ihnen weniger zu folgen und mehr beim tatsächlichen Geschehen in diesem Moment zu bleiben. Inzwischen ist es mir vertrauter. Ich nehme Zusammenhänge, Kräfte und Möglichkeiten wahr, die meinem analytischen Verstand unzugänglich geblieben waren. Der gegenwärtige Moment enthält offenbar eine tiefere Intelligenz als mein eigenes Fühlen und Denken, und eine größere Kraft als mein individuelles Tun. Er ist wie eine Quelle, aus der man bei der Arbeit mit Menschen und im persönlichen Leben fortwährend schöpfen kann.

Bei diesem Vorgehen hilft es, mir selbst wie meinen Klientinnen und Klienten immer wieder klarzumachen, dass das „Damals" vorbei ist, dass man da nie wieder hinkommt und auch nicht mehr hinmuss. Natürlich treten dabei Widerstände auf. „Widerstände" sind für mich ebenfalls Echos der abhängigen Liebe von „Damals". Sie scheinen im Moment noch wichtiger zu sein als die befreiende Bewegung, die in den Symptomen der Klienten auf Entfaltung drängt. Ich achte auch sie als Ausdruck unbewusster Liebe und bekämpfe sie nicht. Ich mache sie nur bewusst.

Wenn wir auf unser „Damals“ schauen, geraten drei verschiedene Gedächtnisse oder Erinnerungsformen in den Blick: das körperliche Gedächtnis (Inkarnation), das emotionale Gedächtnis (Gefühle) sowie das rationale Gedächtnis (Ideen, Konzepte, Ideale). Sobald man in der Aufstellungsarbeit den für das Weiterleben wesentlichen Erinnerungen begegnet (und dies lässt sich nach meinem Eindruck kaum vermeiden), kommt ihr Anlass ins Spiel: eine damals subjektiv erlebte Lebensgefahr. Wir erinnern uns ja an sie, um künftig bessere Überlebenschancen bei einer ähnlich anmutenden Bedrohung zu haben.

Im Umgang damit stieß ich auf „Türöffner der erwachsenen Spiritualität“, wie etwa Osho, Eckhart Tolle oder Byron Katie. Bei ihnen konnte ich sehen, welche Bedeutung das „Jetzt“ als der einzig sichere Ort angesichts vergangener Lebensgefahr tatsächlich hat. Mir ging dabei auf, wie der Jesus meiner eigenen spirituellen oder geistlichen Herkunft ebenfalls vom „Jetzt“ redet. Er spricht von der Gegenwart, in der aus Gott heraus alles da ist. „Jetzt“ bezeichnet nicht einfach nur einen winzigen Moment auf der Uhr. Es ist überhaupt etwas anderes als die Zeit: Es ist Leben. Das Jetzt ist immer da. Es ist genau das „Ewige Leben“, von dem Jesus immer sprach.

Auf diesem Hintergrund erhellt das Bewusstseinsmodell von Wilfried Nelles in unmittelbar einleuchtender Weise, worin die „Echos“ aus unserer Vergangenheit sich unterscheiden, wie man sie erkennen kann und wo sie ihren ursprünglichen Sitz im Leben hatten. Die praktische Aufstellungsarbeit damit, der Lebensintegrationsprozess (LIP), stellt dem „Jetzt“ mit der Position 4 einen Platz zur Verfügung, einen Bodenanker für die erwachsene Gegenwart. Er erfüllt ihre Funktion der Sicherheit und die Möglichkeit, sie in der eigenen Körperwahrnehmung immer wieder zu spüren. Er gestattet es, sich von dort aus die aktuellen „Echos“ aus dem eigenen „Damals“ anzuschauen und sich von ihnen berühren zu lassen, ohne sich jedoch in ihnen zu verlieren und ihre inneren Dramen erneut aufzuführen[2].

Die Echos, also die Verhaltens-, Fühl- und Denkmuster aus unserem „Damals“, sowie die mit ihnen verbundenen Symptome, verändern sich schon, wenn man sie nur offen anschaut. Sie werden weicher, wenn man sie nicht mehr bekämpft, sondern in ihnen die eigenen früheren Leistungen der abhängigen Liebe würdigt. Sie kommen zur Ruhe, wenn man beginnt, sie selbst zu lieben.

Die Vermeidung der Gegenwart: Identifizierung und Übertragung

> Vor ein paar Jahren wurde ich Zeuge, wie ein mächtiger Staatenlenker seinem Volk die Notwendigkeit eines Krieges erklärte. Zufällig war der Ton des Fernsehers abgeschaltet, ich sah nur die Körpersprache dieses Mannes. Er bewegte sich wie ein Vierjähriger, dem sein Rivale im Sandkasten die Lieblingsschaufel geklaut hatte. Ich sah kindliche Wut, Empörung, Zorn und Ohnmacht. Mutti hörte offenbar nicht, es blieb ihm also nichts anderes übrig, als mit Sand zu schmeißen: Der äußerlich erwachsene Staatenlenker erklärte den Krieg.

Die Symbiose mit unserem „Damals“ hört erst auf, wenn wir die Erkenntnis zulassen, dass es vorbei ist, und dass jetzt „Jetzt“ ist.

2. *Siehe die Fallbeschreibungen in Nelles, Geßner: Die Sehnsucht des Lebens nach sich selbst.*

Symbiose heißt aus meiner Sicht:

1. „Ich bin eingelassen in eine Umgebung, von der ich abhängig bin."

2. „Solange ich sicher zu dieser meiner Umgebung gehöre, bin ich nicht in Lebensgefahr."

3. „Falle ich aus der Zugehörigkeit, muss ich sterben. Darum werde ich alles für meine Umgebung tun, egal was es mich kostet."

4. „Ich unterscheide nicht zwischen mir selbst und meiner Umgebung, denn wir sind und bleiben eins."

Ohne diese symbiotischen Fähigkeiten der abhängigen Liebe gäbe es keine Echos aus der Vergangenheit. Das vergangene „Damals" bliebe vergangen. Es könnte uns nie wieder heimsuchen. Die Überlebensmuster und -fähigkeiten, welche uns damals halfen, hätten wir jeweils nur einmal gebraucht und dann vollkommen vergessen. Wir hätten das „Jetzt" ganz für uns, wir wären immer entspannt (außer vielleicht bei Erdbeben, Feuer oder Überschwemmungen), es gäbe kein inneres Drama mehr, keine „Beziehungskisten", keine psychischen Auffälligkeiten, keine Kriminalität und keine Kriege. Wir hätten einfach keine Probleme, und Leute wie ich wären arbeitslos. Wäre das nicht toll?

Aus der Sicht der abhängigen Liebe wäre das ein lebensgefährlicher Nachteil: Wir hätten keinerlei innere Modelle oder Abläufe zur Verfügung, auf die wir in bedrohlichen Situationen zurückgreifen könnten. Unsere „Muster" sind ja nichts anderes als bewährte Abläufe der abhängigen Liebe, die uns einst das

Leben gerettet haben. Nun aber, im „Jetzt“, stehen sie uns im Wege. Sie zeigen nichts anderes, als dass die damaligen Bedrohungen vorüber sind und daher auch die damaligen Abläufe nicht mehr passen.

Dieser Einsicht entgegen steht die fundamentale Eigenschaft von Symbiose, zwischen sich selbst und der Umgebung nicht zu unterscheiden. „Ich und die Umgebung, von der ich abhängig bin, sind ein und dasselbe“, könnte sie auch sagen. Damit ist der innere Vorgang der „Identifizierung“ schon beschrieben. Identifizierung ermöglicht es uns, eine damals als bedrohlich erlebte Situation in der Gegenwart unmittelbar und völlig unbewusst wiederzuerkennen und sofort die damals rettenden inneren oder äußeren Handlungen erneut zu vollziehen, ohne darüber nachdenken zu müssen. Das Risiko eines Fehlalarms wird dabei in Kauf genommen.

Generell scheint zu gelten: „Identifizierung“ ist die Erscheinungsweise der abhängigen symbiotischen Liebe zur jeweils maßgeblichen Umgebung in der Gestalt von Personen, Gruppen, Gegenständen, Ereignissen oder Ideen. Sie findet in allen drei Bereichen der Symbiose statt: in der Körperlichkeit, in der Emotionalität und in der Rationalität. „Identifizierung“, die Verwechslung meiner selbst mit etwas oder jemandem, der oder das *nicht ich* ist, wird damit erkennbar als das Transportmittel der „Echos“ vom vergangenen „Damals“ ins heutige „Jetzt“.

Bezogen auf Personen, von denen im „Damals“ unser Überleben abhing und die wir als bedroht oder als bedrohlich erlebt haben, kann „Identifizierung“ die Gestalt der „Übertragung“ annehmen. Dabei schiebt sich im „Jetzt“ das innere Bild jener Person von damals, mit der wir symbiotisch verbunden sind, vor die

Wahrnehmung einer realen Person. Diese sitzt uns „zufällig" etwa heute beim Frühstück gegenüber und erinnert uns unbewusst an die Person von „Damals". Partnerin oder Partner, Kind, Kollege oder Vorgesetzte: Alle sind dazu geeignet, je nachdem, welches symbiotische innere Bild uns gerade beschäftigt. Nun reagieren wir nicht mehr auf die reale Person uns gegenüber, sondern auf das innere Bild der damaligen, mit der wir unbewusst in Symbiose leben[3]. Wir reagieren auf eine längst vergangene Erfahrung.

Dieser Trick unserer Psyche hatte sich als Überlebensvorteil für den Fall ähnlicher Bedrohungslagen wie damals entwickelt. Unglücklicherweise verfälscht er gleichzeitig die Wahrnehmung der Gegenwart im „Jetzt" bis ins Unkenntliche. Mein „Jetzt" verschwindet hinter dem unbewussten Bild von „Damals". Es löst sich auf in der Symbiose mit etwas Vergangenem.

Die reale Person mir gegenüber am Frühstückstisch reagiert mit ihrem unbewussten inneren Bild wiederum auf mein unbewusstes inneres Bild. Das heißt dann „Gegenübertragung". Es kann dazu führen, dass nur noch unbewusste Imagos, also Echos aus der Vergangenheit, miteinander kommunizieren. Die realen Menschen bleiben unbeteiligt, sie verbleiben währenddessen in einer Art Stand-by-Modus. So verpassen sie ihre Gegenwart, so verpasst man sich selbst und das eigene Leben. Man könnte auch

3. „ ... unbewusst in Symbiose ..." ist eine Tautologie, also eine Bezeichnung von etwas mit sich selbst. „Symbiose" gibt es nur „unbewusst". Sobald sie bewusst wird, also wahrgenommen werden kann, hört sie auf. Somit erscheinen „Symbiose" und „unbewusst" als Synonyme füreinander. Sie sind psychologisch dasselbe. Der erreichbare innere Entwicklungsschritt ist das Bewusstwerden von Symbiose, also die körperlich-psychische Erkenntnis, dass ich „Damals" und „Jetzt" verwechselt hatte. Mehr ist nicht möglich, aber auch nicht nötig.

sagen: Die Geister der Vergangenheit kämpfen gegeneinander um das nackte Überleben, während die Gegenwart nicht stattfindet.

Die reale Gegenwart kann erst dann zu Wort kommen, wenn jemand sich im gegenwärtigen Moment sicher genug fühlt, um das innere Bild von „Damals“ als ein Echo oder eine Täuschung erkennen und als solches annehmen zu können. Dann, plötzlich, erscheinen der reale Mann oder die reale Frau im Gegenüber. Der Spuk der inneren Bilder löst sich in Luft auf, und das wirkliche Leben kann beginnen.

Manchmal hilft es dazu schon, sich im Konfliktfalle einfach direkt in die Augen zu schauen. Zuweilen wirkt jedoch selbst das schon bedrohlich. Mehr dazu schreibe ich im Kapitel über die „Paarliebe“ und danach beim „Nehmen und Verlassen der Eltern“.

Es darf nicht wahr sein: Gewissen und Neurose

> Ich kenne einen Mann, der kann sich oft nicht entspannen. Er nimmt sich manchmal vor, ganz entspannt nichts zu tun, er erzielt dabei auch gewisse Erfolge, aber nach einer Weile wird er unruhig. Er beginnt sich schuldig zu fühlen. Er weiß sogar, dass der Satz: „Sei entspannt!“, genau so absurd ist wie die Aufforderung: „Sei spontan!“ Aber er versucht es immer wieder. Schließlich will er nicht ausbrennen oder durchdrehen. Das Erlebnis: „Ich bin einfach da, ohne etwas (Sinnvolles) zu tun“, bereitet ihm früher oder später Stress.

Als Kind in seiner Familie hatte er sich unbewusst die Aufgabe gewählt, für Harmonie zu sorgen und dadurch die aus seiner Sicht unvereinbaren Gegensätze zwischen den Eltern auszugleichen.

Eine unlösbare, nie endende Aufgabe. Bei Streit fühlte er sich in Lebensgefahr. Erst Jahrzehnte später konnte er sehen, dass seine Eltern liebende Eheleute „in guten und in schlechten Zeiten" waren.

Dieses Beispiel ließe sich endlos fortsetzen. Viele Menschen gehen arbeiten, obwohl sie krank sind, unterstützen Angehörige weit über ihre Kräfte hinaus, obwohl die es auch mit weniger Hilfe schaffen könnten, bleiben in missbräuchlichen oder gewalttätigen Beziehungen, obwohl sie wissen, dass es ihnen nicht guttut. Dieses Verhalten hatte sie als Kind gerettet oder sollte das Kind schützen, das sie damals waren. Andersherum ebenso: Manche gehen nicht arbeiten, obwohl sie gesund sind. Manche unterstützen niemanden, obwohl sie Zeit und Kraft dafür hätten. Manche gestalten ihre Beziehungen missbräuchlich oder gewalttätig, obwohl äußerlich dazu kein Anlass besteht. Auch dieses Verhalten hatte sie als Kind gerettet oder sollte das Kind schützen, das sie damals waren. Ich sehe darin die Wirkungen des emotionalen Gewissens, wie ich es weiter oben beschrieben habe. Ich möchte diesem Phänomen hier noch etwas weiter auf den Grund gehen, weil ich den Eindruck habe, es könnte zum Verständnis der abhängigen Liebe wie der Selbstliebe beitragen. Es könnte außerdem die frühe Hellingersche Gewissenstheorie etwas erweitern[4].

Aus meiner Sicht arbeitet das Gewissen als Zugehörigkeitsanzeiger nicht nur im Gefühl des Kindes. Es wirkt sowohl schon vorher in den körperlichen Vollzügen des Ungeborenen als auch

4. Hellinger selbst hat dann später das „geistige Gewissen" eingeführt als einen inneren Blick auf das Ganze des Lebens, in dem die Konflikte des kindlichen Gewissens aufgehoben werden können.

danach im Denken der Jugend. Das Fühlen bietet dem Kinde, wie wir gesehen haben, die nötige Orientierung in der Familie, von der es abhängig ist. Dies hatte über Hunderttausende von Jahren einen unmittelbar lebenspraktischen Hintergrund: Die frühen menschlichen Sippen waren immer von potenziell lebensgefährlicher Natur umgeben. Kinder, die sich entfernten, wurden zur Beute von Raubtieren, fielen in Schluchten, verdursteten oder kamen auf andere Weise um. Am Dazugehören, am Dableiben, hing ihr Leben.

Von daher kann man in der Fähigkeit, den Grad der Zugehörigkeit innerlich als Schuld oder Unschuld zu erfühlen, eine geniale Gabe der menschlichen Evolution sehen. Das gute wie auch das schlechte Gewissen informiert Kinder zu jeder Zeit präzise über Sicherheit oder Lebensgefahr. Allgemeiner gesprochen: Das Gewissen liefert uns die Möglichkeit, in einer Umgebung, von der wir abhängig sind, zu überleben. Es verschafft uns eine Orientierung im Nebel der Symbiose.

Ich sehe in der Gewissensreaktion auf die Umgebung eine Grundstruktur der abhängigen Liebe. Sie findet nicht nur im Bereich des Fühlens statt, sondern lange vorher schon im körperlichen Spüren und im Wachsen des Ungeborenen. Auch nach der Kindheit sehe ich diese Struktur im Denken der Pubertät, in der rationalen Modellbildung. Dort ist das Gewissen als Struktur der abhängigen Liebe die Voraussetzung der Neurose. Wie geht das alles? Schauen wir zunächst auf das Ungeborene anhand eines Echos aus dieser Zeit.

> Eine junge Frau leidet unter mangelnder Beweglichkeit ihrer Gliedmaßen. Beim Orthopäden ist es ihr unmöglich, Arme und Beine völlig auszustrecken. Auch ihren Kopf kann sie nicht ganz erheben, es tut

ihr weh. Der Arzt steht vor einem Rätsel, denn äußerlich ist die Frau gesund. Später wird bekannt, dass es einen Zwillingsbruder gibt. Er ist deutlich größer als sie, sie haben ein angespanntes Verhältnis.

Wenn ein Ungeborenes sich den Raum im Mutterleib mit einem weiteren Ungeborenen teilen muss, wird der Raum knapp. Wer bis zur Geburt darin bleiben will, hat zwei Möglichkeiten: Entweder den konkurrierenden Körper verdrängen, oder sich einschränken. Ihr Zwillingsbruder wählte die erste, sie selbst die zweite. Beide mit dem Ziel, in der Umgebung bleiben zu können, von der sie nun einmal auf Leben und Tod abhängig waren. Beide mit Erfolg, denn sie lebten ja. Das Gewissen des Ungeborenen zeigt sich jedoch nicht in einem Gefühl, sondern in einem körperlichen Vollzug. Ich sehe dort eine Anpassungsreaktion, die sich in der physischen Gestalt und im physischen Bewegungsgedächtnis dieser Menschen buchstäblich verkörperlicht, ins Fleisch kommt, inkarniert.

Das Gewissen im symbiotischen Einheitsbewusstsein des Ungeborenen erzeugt kein *Gefühl* von Schuld oder Unschuld, sondern *körperliche Vollzüge* beim Wachsen. Die Analogie zu „Unschuld“ bzw. „gutem Gewissen“ zeigt sich in der Selbsteinschränkung, die der Körper der jungen Frau schon als Ungeborenes vollzogen hatte, um in der Umgebung „Mutterleib“ bleiben und bis zur Geburt überleben zu können. Die Analogie zu „Schuld“ bzw. „schlechtem Gewissen“ erscheint aus ihrer Perspektive im Gegenteil, also in der Verweigerung jener Anpassungsleistung, wie etwa der ungeborene Körper ihres Zwillingsbruders dies geleistet hatte. Nichts davon hat mit Moral oder Jurisdiktion zu tun, wir reden hier ausschließlich von grundlegenden Vorgängen in der abhängigen Liebe.

Das körperliche „Gewissen“ des Ungeborenen regelt, mit Hilfe welcher Gestaltanpassungen es in seiner Umgebung, dem Mutterleib, bleiben kann. Sein Echo wird auch im Erwachsenenalter nicht direkt fühlbar werden wie das „schlechte“ oder „gute“ Gewissen eines Kindes. Es verbleibt auf der Ebene des körperlichen Vollzuges. Die junge Frau wird den ihr zustehenden Raum erst dann einnehmen können, wenn sie physisch in ihren Gliedern spürt, dass sie seit vielen Jahren draußen ist und sich nun ausstrecken darf, ohne in Lebensgefahr zu geraten. Dies wird möglich, wenn sie aus dem sicheren Abstand der Gegenwart ihre damalige körperliche Anpassungsleistung und damit ihre abhängige Liebe zu Mutter und Zwillingsbruder sehen kann.

Aus meiner Sicht wirkt beim Phänomen „Gewissen“ jedoch nicht nur die abhängige Liebe zu dem „Leben der Leute und Orte, *bei* denen wir geboren werden“, also zur Umgebung, sondern genau so die Selbstliebe zu dem „Leben, *mit* dem wir geboren werden“[5], zu unserem inneren Selbst. Sie nimmt, wie wir gesehen haben, Lebensgefahr überhaupt nicht wahr. Sie bietet damit ein Gegengewicht zu dem unbegrenzten Kooperationswillen der abhängigen Liebe. Mit ihrem Potential ermöglicht sie ihn erst. In der Aufstellungsarbeit habe ich bei Stellvertretern für Ungeborene oft gesehen, wie sie ihre kaum vorstellbaren Anpassungsleistungen nur deshalb vollbringen konnten, weil ihr Selbst oder ihre innere Lebendigkeit die dazu nötigen Ressourcen schon in sich hatte.

> Ein Mann ist mir in Erinnerung, der sich als Ungeborenes tief in die anhaltende Lebensangst seiner Mutter eingeschwungen hatte. Man konnte sagen, dass die Angst ihm in Fleisch und Blut übergegangen war, sie hatte ja damals praktisch als seine ihn umgebende Heimat

5. Hillmann.

gedient. Als Echo dieser neun Monate hatte ihn die Angst vor dem Leben, vor Nähe, vor Körperlichkeit, auch vor Glück wie eine Hintergrundstrahlung bis ins Mannesalter begleitet. Erst als er in mehreren Aufstellungen dies sehen und aus dem Abstand der Gegenwart fühlen sowie körperlich wahrnehmen konnte, begann sich bei seinem erstarrten Stellvertreter für das Ungeborene etwas zu verändern. Er atmete anders, entspannte sich und begann zu strahlen. Er begann (ohne es zu wissen) etwas von dem Leben zu verkörpern, mit dem dieser Mann gezeugt worden war, und sagte: „Alles ist gut. Ich habe, was ich brauche. Ich bin vollkommen." Plötzlich stand der Stellvertreter für das Ungeborene da wie ein Buddha.

Die Herausforderung für diesen Mann bestand nun darin, sich einzulassen auf dieses Selbst, auf seine innere Lebendigkeit im „Alles ist gut". Die innere Lebendigkeit scheint sich ohne das geringste Zögern von den Erfordernissen der abhängigen Liebe einschränken zu lassen, solange die lebensentscheidende Abhängigkeit tatsächlich noch besteht. Sie verschwindet jedoch nie. Der Mann kannte das Gefühl von „alles ist gut". Er hatte es jedoch nie ernstgenommen. Natürlich nicht, denn damit hätte er sofort seine Zugehörigkeit zur Mutter verraten und sich selbst in Lebensgefahr gebracht, zumindest aus Sicht des Ungeborenen.

Nach der Kindheit beginnt dann die dritte Erscheinungsform jener Überlebenshilfe namens „Gewissen": die Neurose. Ich hatte sie beschrieben als die innere Gestalt und gleichzeitig das Ergebnis der jugendlich-abhängigen Liebe, als die Daseinsweise des Ich-Bewusstseins und damit als ein Ergebnis des Denkens. Das Denken scheint in der Lage zu sein, den unauflöslichen Gewissenskonflikt zwischen dem kindlichen: „Ich gehöre zu euch und bleibe immer bei euch" (gutes Gewissen, Unschuld), und dem jugendlichen: „Ich verlasse euch und mach mein Ding" (schlechtes Gewissen, Schuldgefühl), aufzulösen. Es findet jedoch nur eine virtuelle, scheinbare Lösung, indem es diesen Konflikt verlagert.

Es nutzt dazu einen Trick, von dem ich weiter oben schon sprach. Das Denken nimmt die gefühlte Umgebung der Kindheit nach innen und beginnt dann, sich gedanklich mit dieser „inneren Umgebung“ zu verwechseln, zu identifizieren. Es verwandelt „Vater“, „Mutter“, „Geschwister“ oder andere emotional entscheidende Gestalten der Kindheit in spiegelverkehrte und völlig unbewusste Konzepte. „Spiegelverkehrt“ ist dabei wörtlich zu verstehen, die jugendlich-abhängige Liebe äußert sich immer in ihrem Gegenteil. Was geschieht dabei?

> Eine Frau Mitte vierzig hatte die äußere Gestalt einer Dreizehnjährigen. Sie erzählte von Jahren des Kampfes mit dem Essen, von Klinikaufenthalten, Zwangsernährung und Therapien. Sie war kinderlos geblieben. Inzwischen hatte sie gelernt, täglich ausreichend zu essen, so dass sie nicht wieder in die Gefahr des Hungertodes geriet. Sie litt unter großem Kontrollzwang, vor allem sich selbst, aber auch ihrer Umgebung gegenüber. Ihr Vater war von der Familie fortgezogen, als sie dreizehn war. Sie selbst erlebte ihre Beziehung zu Männern als unbefriedigend und erschöpfend.

Äußerlich betrachtet geht es der Frau nicht gut. Sie ist körperlich nicht voll entwickelt, kämpft mit Zwangsgedanken, leidet in Beziehungen, ihr Verhältnis zu den Eltern ist denkbar kompliziert. In der Arbeit mit ihr zeigte sich ein abhängig liebendes Kind, das noch immer erfolgreich mit dem Überleben beschäftigt war.

Es sagte zur Mutter: „Ich bleibe immer bei dir, denn ich bin der einzige Halt in deinem Leben, nachdem der Vater uns verlassen hat. Ich übernehme deine Wut auf ihn und deine Verachtung für Männer überhaupt. Ich lasse es mir mit den Männern ebenso schlecht ergehen, wie ich es bei dir gesehen habe." Ihre Beziehungen inszenierten diese Sätze sehr präzise.

Zu ihrem Vater sagte sie: „Du fehlst mir schrecklich, aber ich werde das niemals zeigen, um die Mutter nicht zu verlieren. Sonst bin ich tot. Ich werde von dir nichts nehmen, um mir die Mama zu erhalten und auf diese Weise mich selbst zu retten." Ihr Essverhalten und ihre Kontrollzwänge zeigten, wie sehr sie noch immer bereit war, zugunsten der Mutter auf Vaters Liebe zu verzichten.

Zu dem Kind, das sie mit dreizehn gerade noch war, sagte sie: „Verlass dich auf mich, ich werde niemals eine Frau werden, sondern ein Kind bleiben. Damit erspare ich Dir das furchtbare Leiden deiner Mutter." Ihre körperliche Erscheinung bezeugte die anhaltende Wirkung ihres damaligen kindlichen Versprechens.

Den Kindern, die sie selber nicht bekommen hatte, sagte sie: „Niemandem soll das widerfahren, was ich erleiden und tragen musste. Es darf sich nicht wiederholen. Ich bewahre euch davor, indem ich euch nicht bekomme."

Sie litt unter all dem, aber sie konnte es nicht ändern. Ich fragte nun: „Wer profitiert davon?"

Ich fand wieder jenes Kind, das sie einmal war, genauer gesagt, ihre Erinnerung an das Kind oder die Identifizierung mit ihm. Das Kind feiert heimlich, also unbewusst, viele Triumphe. Es gewinnt immer, denn es ist nicht real, sondern ein unbewusst verlängerter Überlebensmechanismus aus dem „Damals". Es wird so lange triumphieren, bis es gesehen wird. Bis also die Frau sich erlaubt, mit allen Sinnen und allen Zellen zu begreifen, dass die vernichtende Bedrohung, in der das Kind leben musste, vorüber ist. Bis sie sieht, dass das Kind, welches sie damals war, keine Wahl hatte. Es musste genau so reagieren und entscheiden, um in dieser Umgebung weiterleben zu können. So lange es nicht aus der sicheren Distanz der Gegenwart gesehen, wahrgenommen, gefühlt und in seiner Liebesleistung gewürdigt wird, bleibt das Kind aus Überlebensgründen am Steuer. So lange wird die Frau den inneren Bildern und Konzepten, die sie zum Schutze dieses ohnmächtigen Kindes wunderbarerweise entwickeln konnte, treu bleiben und sie unbewusst ihrer tatsächlichen Gegenwart vorziehen.

Hier sehen wir das Phänomen der Neurose damit beschäftigt, uns das Leben zu retten und es uns gleichzeitig zu nehmen[6]. Sie kann sich in die unterschiedlichsten Symptome einkleiden, in körperliche, emotionale und rationale Muster, in Verhaltens-, Denk- oder Fühlweisen, die haltbar wie in Stein gehauen wirken. Die beste Verkleidung der Neurose aber ist das „autonome Ich", denn es basiert auf nichts anderem als auf der Vorstellung, aus der Abhängigkeit der Familie heraus in ein eigenes Leben zu kommen und gleichzeitig dabei unschuldig zu bleiben, also nicht in Lebensgefahr zu geraten.

Akteur in der Neurose ist die jugendlich-abhängige Liebe, die Form der Symbiose im Ich-Bewusstsein. Sie vollzieht sich im Denken, in der Ratio, um gleichzeitig ihrem gefühlten kindlichen Herkommen und dem genau entgegengesetzt gedachten

6. Siehe Giegerich: Neurosis.

Eigenen treu sein zu können. Man sieht das gut daran, wie schwer es ist, ein Ideal von sich selbst oder vom Leben fallen zu lassen und der Realität zu folgen so wie sie ist. Im Ich-Bewusstsein erzeugt der „Verrat“ an einem Ideal im Prinzip das gleiche schlechte Gewissen oder Schuldgefühl, welches uns als Kinder daran gehindert hatte, unserer Familie in irgendeiner Weise untreu zu werden.

Der Unterschied zu damals liegt in dem Moment des Absoluten[7], welches nunmehr die innere Treue zu einem Ideal kennzeichnet. Es wirkt auf mich, als habe sich die Kraft des rationalen oder logischen Gewissens der Jugend noch einmal potenziert im Vergleich zum emotionalen oder gefühlten Gewissen der Kindheit. Offenbar muss sich hier unser Überlebenstrieb noch weit deutlicher in Stellung bringen, da wir ja nun tatsächlich allein draußen in der Welt sind und innerlich zusätzlich ein ohnmächtiges Kind zu schützen haben[8]. Die damit verbundene Todesangst hat zugenommen.

Nun erscheint das Phänomen „Neurose“ als die gedankliche oder logische Gestalt, welche die Symbiose in der jugendlich-abhängigen Liebe annimmt, im Ich-Bewusstsein. Sie sagt „Nein“ zur gegenwärtigen Realität, um aus der Herkunftsfamilie herauszufinden ohne „schuldig“ zu werden, und gleichzeitig in etwas Eigenes gehen zu können, ohne dabei innerlich in Lebensgefahr zu geraten[9].

7. Malte Nelles bei seinem Vortrag „Der Schatten der Freiheit – Neurose“. Nelles Institut, Sommerakademie Nettersheim 2017.

8. Im kollektiven Zusammenhang entsteht aus dem „Absoluten“ der individuellen Neurose dann Extremismus jeglicher Art (siehe oben Kap 4.3).

9. Giegerich: Neurosis.

Mir scheint: Man kann nur Nein zur Herkunftsfamilie sagen, wenn man sich dabei innerlich etwas vormacht. Was man sich dabei vormacht, ist das „Eigene". Gleichzeitig muss man sich dies vormachen, um überhaupt Nein zur Herkunftsfamilie sagen zu können und so die Chance zu erwerben, eines Tages dem eigenen Leben in der Wirklichkeit folgen zu können. Die Chance ist eingelöst, wenn man als Erwachsene oder Erwachsener begreift, dass man frei ist.

Ich sehe daher in der „Neurose" als Realitätsverweigerung keine Krankheit, sondern einen inneren Entwicklungsraum, durch den die abhängige Liebe uns hindurchzwingt. Dieser Entwicklungsraum bietet den Platz und die Bühne für den gewaltigen inneren Konflikt zwischen dem „Dazugehören müssen" der Kindheit, der Vorstellung vom eigenen Leben im „autonomen Ich" und der realen Wirklichkeit des Lebens, die man jeden Morgen im Spiegel vorfindet. Dieser Konflikt kann sich durchaus in Symptome mit erheblichem Leidensdruck oder Krankheitswert einkleiden.

Wir sind ja immer frei, den Schritt ins „Jetzt", in die eigene Wirklichkeit, nicht zu vollziehen. Wir könnten etwa innerlich wieder Kinder werden. Dann verlassen wir uns ausschließlich auf die Gruppe, teilen die Welt in Gut und Böse, Fremde und Einheimische, Gläubige und Ungläubige, und erleben uns selbst auf der Seite der Unschuldigen, also ohnmächtig und als Opfer.

Eine weitere Möglichkeit, den Schritt ins wirkliche Leben zu verweigern, wäre der Suizid. Er setzt das „Es darf nicht wahr sein" mit unerbittlicher Endgültigkeit in die Tat um. Dabei projiziert er die Lösung des beschriebenen Konfliktes in den Tod hinein, in das eigene Verschwinden.

Die dritte Möglichkeit wäre, die Ideale der symbiotischen Liebe zu lassen, den Schmerz der „Echos von Damals" von heute aus zu fühlen und in die Gegenwart einzutreten. Unsere Neurosen fallen in sich zusammen, wenn wir ihren Entwicklungsraum verlassen.

Die Rolle die abhängige Liebe bei der „Symbiose dritten Grades", also bei der Neurose und damit der Entwicklung des Ich-Bewusstseins, konnte nun ein wenig deutlicher werden. Wie sieht es aus mit der Selbstliebe? Sie ist ja nicht symbiosefähig. Sie lebt aus sich heraus, unabhängig von irgendeiner Umgebung.

Im Entwicklungsraum der Neurose, also während der inneren Jugend, hat sie ihre härteste Zeit. Was auch immer sie will oder sagt, wird vom autonomen Ich als Gegner erlebt. Jugendliche und Menschen im Ich-Bewusstsein suchen zwar unentwegt nach ihrer inneren Vision, um sie verwirklichen zu können, erkennen sie jedoch nicht als solche. Als „spirituelle Suche" avanciert die Suche nach dem Selbst derzeit zu einem kollektiven Phänomen, in Teilen sogar zu einer Art Unterhaltungsindustrie. Die Betroffenen lassen sich häufig von der Vorstellung leiten, dass sie diese ihre innere Vision würden verwirklichen können, sobald sie sie nur gefunden hätten.

Das Stichwort dazu heißt *Selbstverwirklichung*. Man hört sofort mit der Suche auf, wenn man erkennt, dass es 1. da nichts zu suchen gibt, weil man seit der Geburt mit seiner inneren Vision (dem lebendigen Selbst) herumläuft, und dass 2. sobald man sich ihr nähert, die innere Vision *sich selbst zu verwirklichen beginnt mit uns als bloßem Werkzeug*, dass also dann ein für alle Mal Schluss ist mit der Selbstverwirklichung nach Idealen und Konzepten. Man kann dies genau so lange nicht aufnehmen, wie die Echos der abhängigen Liebe aus dem „Damals“ noch stärker sind als das gegenwärtige Leiden an ihren Folgen.

Eine ergiebige Quelle des Leidens von uns modernen Menschen scheint in der Idee zu liegen, dass *man funktionieren müsse, um zum Leben berechtigt zu sein.* Das Funktionieren bezieht sich ohne Ausnahme auf die Zugehörigkeit zu einer Umgebung, von der man einmal abhängig war, sei es der Mutterleib, sei es die Herkunftsfamilie. Darin wirkt immer die eigene Vorstellung vom Leben, *wie es sein sollte,* in der Welt, bei den Anderen oder in der eigenen Person. Sie kommt aus der Identifizierung mit Idealen. Damit gehört sie in den Entwicklungsraum der Neurose, zu den Echos unseres „Damals“. Alles, was nicht funktioniert, ist aus ihrer Sicht entweder schwach, krank oder verrückt.

Keine dieser Zuschreibungen stimmt jedoch noch, wenn sie wirklich mit der Gegenwart in Berührung kommt. Die Gegenwart ist einfach, wie sie ist. Und sie ist immer richtig, weil sie keine tatsächlichen Alternativen hat. Alle Alternativen zum realen „Jetzt“ versammeln sich im Entwicklungsraum der Neurose, also im Bereich der *Fata Morgana,* der Luftgespinste.

Kindliche Liebe im Erwachsenen: Sucht

Vor einiger Zeit kam ein Mann zu mir, der seit über dreißig Jahren säuft. Immer auf Spiegel, gelegentliche Abstürze, ab und zu Pause. Zahllose Entgiftungen, keine Frau, keine Kinder, seit Jahren arbeitslos. Das volle Programm also. Dieser Mann hat mich sehr beeindruckt, denn er liebt, und zwar mit Hilfe seiner Sucht. Es gibt in ihm einen kleinen Jungen, der sich aus einer subjektiv lebensbedrohlichen Erfahrung heraus nicht hatte entschließen können, weiter zu wachsen. Dieser Junge hatte eine große Gabe: er konnte sehen. Er konnte schon immer in die Menschen und in die Dinge hineinschauen. Das Schauen war wie ein Rausch für ihn, „das ganz große Kino", wie er sagte. Er sah auch oft, wo das hinführen würde, was er schaute.

Der Junge von damals hätte, wenn er dieser Gabe gefolgt wäre, alles unmittelbar zur Kenntnis nehmen müssen, was sich ihm damals schon zeigen wollte. Das hätte jedoch aus damaliger Sicht seinen Platz als genau dieses Kind genau dieser Eltern in genau dieser Familie in Gefahr gebracht. Er konnte sich nicht vorstellen, seinen Eltern mit dieser Gabe als ihr Kind willkommen zu sein. Der Gabe des Sehens zu folgen hätte aus seiner Sicht den Verlust seiner Familie und damit den sicheren Tod bedeutet. So verzichtete der Junge auf das Sehen.

Der Mann beschrieb mir, wie der Alkohol im Blut die Sicht auf die Dinge des Lebens und auf die Welt erträglicher macht: „Es ist dann nicht so scharf", meinte er, „Man kann es besser aushalten." Der kleine Junge fand in der Sucht den passenden Schutzengel. Sie sichert ihm die Unschärfe des Sehens und damit seinen kindlichen Platz in der Familie. Der Alkohol im Blut hütete seine unbewusste Liebe zu den Eltern. Wie fast alle Kinder musste er in Bezug auf seine eigentliche Gabe, seine innere Lebendigkeit, ungesehen und allein durch die Kindheit und Jugend kommen. Der junge Mann organisierte diesem Jungen in sich dann mit Hilfe des Alkohols einen Wächter.

Ich finde, daran ist nichts falsch. Ich finde sogar, das ist eine Leistung, wenn auch eine tragische, wenn man den allgemeinen Erfolgsmaßstab gelingenden Lebens anlegt. Lässt man den allgemeinen Erfolgsmaßstab einmal weg, gibt es hier nur die abhängige Liebe eines Kindes, sonst nichts.

Ein weiterer Punkt kommt für den Mann dazu: Unter den Flügeln eines Schutzengels ist es immer ein wenig dunkler als im Tageslicht. Der Junge in ihm hatte gelernt, dass Dunkelheit etwas mit dem Schutzengel zu tun hat. Noch Jahrzehnte später ruft er in jedem Herbst besonders laut nach dem Sucht-Engel Alkohol, wenn der Mann seine Mühe hatte mit den dunkler und kürzer werdenden Tagen. Der Junge in dem Manne weiß nicht, dass sein Schutzengel für den Erwachsenen zum Todesengel mutieren kann. Er ruft auch, wenn dem Manne ein Missgeschick passiert, wenn er lange allein ist oder sich jemand von ihm abwendet.

Was soll man hier tun, als Therapeut, Berater oder Seelsorger? Nähme man dem Manne seine Sucht, würde man damit dem Kinde in ihm den Schutzengel entführen. Es würde dies als lebensbedrohlich erleben und mit der Kraft eines Ertrinkenden alles unternehmen, um dies zu verhindern. Kein Wunder, dass auch nach vielen Entgiftungen und unzähligen Versuchen, die Sucht loszuwerden, sie immer noch da ist. Niemand kann etwas gegen sie ausrichten. Gegen den Schutzengel der abhängigen Liebe ist man machtlos. Es geht *nur gemeinsam mit ihr,* indem man ihr Anliegen würdigt und aufnimmt. Ihr Anliegen ist es, dem Kinde Sicherheit zu geben, wie schon Matthias Claudius in einem Abendlied dichtet: „Dies Kind soll unverletzet sein.“ Die Sucht wird das Kind erst dann aus ihrem Schutz entlassen, es erst dann freigeben, wenn sie es in Sicherheit weiß.

Kinder sind dann in Sicherheit, wenn sie von einem ihnen vertrauten Erwachsenen als das Kind gesehen werden, das sie sind. Und zwar voll und ganz, in ihrer Leistung und in ihrer Begrenztheit, in ihrer Gabe und in ihrer Überforderung, in ihrem Schmerz und in ihrer Kraft. Der einzige Mensch, der das heute leisten kann, ist der Erwachsene, welcher aus dem kleinen Kind von damals geworden ist. Die Eltern sind alt oder tot, die Geschwister haben ihr eigenes inneres Kind mit ganz anderen Schutzbedürfnissen, die Freunde haben selten einen Zugang zu dieser Ebene. Meine Aufgabe bestand also darin, dem Manne sich selbst als Kind zu zeigen und ihm zu zeigen, was dieses Kind geleistet hat. Es hatte alles richtig gemacht. Alles. Auch die Sucht.

Der einzige, der den Schutzengel vertreten darf, der dem Kinde also anstelle der Sucht jene Sicherheit geben kann, die ihm erlaubt, sich zu entspannen und seiner Gabe des Sehens zu vertrauen, ist der Mann selbst. So wie er heute ist. Wenn er sieht, wie das Kind liebt und wie er mithilfe seiner Sucht noch immer diese Liebe des Kindes schützt, wenn er sieht, dass er sich noch immer vor dem Sehen fürchtet und gleichzeitig so danach sehnt, wenn er sieht, dass schon in dem Kinde alle Kräfte da waren, die er zum Leben brauchte, und er sie jetzt für sich nutzen darf – dann, und nur dann, wird die Sucht Vertrauen fassen.

Ein Schutzengel gibt erst nach, wenn er sicher sein kann, dass er seinen Job voll und ganz dem Erwachsenen überlassen kann, ohne Ausfälle befürchten zu müssen. „Dies Kind soll unverletzt sein", ist keine Option unter vielen, sondern ein unverhandelbares Versprechen. Es gibt keine Möglichkeit für Ausnahmen und keinen Spielraum für Experimente. Dieser Satz sorgt dafür, dass sich eine Sucht wie eine Naturgewalt anfühlt und auch so verhält, unbeherrschbar, immer wiederkommend, das ganze Leben infiltrierend und am Ende opfernd. Die abhängige Liebe des Kindes ist für sie das höchste Gut. Und diese Liebe des Kindes ist bereit, für die Zugehörigkeit zu den Eltern alles zu tun, notfalls auch sein eigenes Leben zu opfern.

Nun, es ist kein Kinderspiel, einem Menschen zu sagen: „Deine Sucht hast du richtig gemacht“, wenn er seit über dreißig Jahren dagegen kämpft. Vielleicht geht es nur, wenn deutlich wird, dass man seine Liebe darin würdigt. Es geht auch nur, wenn man dem Manne ermöglicht, sich selber in seiner Sucht als einen Liebenden wahrzunehmen und zu würdigen. Er muss das Kind in seiner Leistung ganz sehen, und sich dem Kind als der erwachsene Mann, der aus ihm geworden ist, heute zeigen. Wenn ihm dies gelingt, verändern sich die Vorzeichen seines Lebens. Aus dem saufenden Versager wird ein hilflos und vorbehaltlos Liebender. Gleichzeitig ist damit das Ende der Hilflosigkeit erreicht. Denn der Sehende ist ja de facto erwachsen, er ist über fünfzig. Für ihn ist die Gabe des Sehens nicht mehr zu groß, sondern das, was sie ist: ein Geschenk des Lebens, seine innerste Lebendigkeit. Von diesem Geschenk profitiert auch das Kind in ihm. Es wird endlich gesehen, es entspannt sich.

In der konkreten Aufstellung veränderte mit fortschreitendem Prozess der Stellvertreter für die Sucht/den Schutzengel seinen Ort. Er rückte immer weiter vom Kind weg. Am Ende hielt er sich in einiger Entfernung in Bereitschaft. Beide, der Mann und das Kind, schauten auf „das Sehen“ als das Zeichen ihrer gemeinsamen Begabung. Der Mann konnte es dem kleinen Jungen endlich erlauben.

Überlebt haben, ohne es zu spüren: der Opferstatus

In diesem Kapitel spreche ich vom Opfersein in Bezug auf seine leiblich-seelische Dynamik, also in Begriffen der Psychologie, wenn man so will. Ich spreche ausdrücklich nicht über das Opfersein im juristischen oder im politischen Sinne. Quasi unabsichtlich streife ich dabei auch die Entstehung, die Wirkung, den Nutzen und die mögliche Auflösung des Phänomens „Trauma" als Überlebenshilfe, jedoch ohne hier näher drauf einzugehen[10]. „Opferstatus" und „Trauma" scheinen einander zu entsprechen.

Der Opfermodus ist eine Art innerer Überlebensraum. Er gestattet es uns, weiter zu existieren, nachdem wir bestimmte Erfahrungen als vernichtend erlebt haben. Diesen Überlebensraum kann man nicht verlassen, solange man in seiner Ohnmacht, in seinen Schmerzen und in seiner Überlebensleistung nicht wirklich gesehen wird, und sich selber nicht damit zeigt. So wird aus dem unmittelbar nach der vernichtenden Erfahrung eine Zeitlang notwendigen Opfer*modus* manchmal der Opfer*status* als eine Dauereinrichtung. Dieser Status ist hier Thema im engeren Sinne.

Der Opferstatus wirkt wie ein Gefängnis, bei dem der Schlüssel innen steckt. Das Opfer ist sein eigener Gefängniswärter. Das Gefängnis des Opferstatus funktioniert wie eine Zeitmaschine: Innen ist *Damals*. „Innen" umfasst also die Momente der *damals* vernichtenden Erfahrungen samt aller dabei wirksamen Überlebensmechanismen. Draußen ist *Jetzt*. Draußen umfasst also den relativ sicheren gegenwärtigen Moment. Zwischen Jetzt und Damals liegt zeitlich gesehen meist eine große Entfernung, es ist lange her.

Der Status des Opfers hält einen Menschen von der eigenen Gegenwart und damit vom aktuellen Leben fern. Er wirkt zuweilen wie eine Glasglocke, wie ein Nebel, ein schwarzes Loch oder ein Sack über dem Kopf. Die Heilung des Opfers beginnt mit

10. Genaueres zu „Trauma" siehe Seite 169, Lebendigkeit als Gefahr, und meinen Aufsatz: Trauma, Illusion und Spiritualität.

dem Gesehen werden – und mit dem Sich sehen lassen. Mit beidem ist es jedoch nicht so einfach: „Sich sehen lassen“ und „Gesehen werden“ bedingen einander wie Henne und Ei.

Ich sehe drei Statusmerkmale des Opferdaseins:

1. Das erste Statusmerkmal besteht darin, *von seiner Umgebung übersehen zu werden.* Die Umgebung kennt neben dem „unabsichtlichen Übersehen“ (dem blinden Fleck) und dem „absichtlichen Übersehen“ (der Ignoranz) zwei weitere Wege, um das Opfer nicht sehen zu müssen: Mitleid und Überhöhung. Beide Haltungen vermeiden den Kontakt mit den Erfahrungen des Opfers und mit seiner Überlebensleistung. Beide Haltungen erwachsen aus der Angst vor dem Opfer und vor dem Echo im eigenen Inneren. Beide Haltungen zementieren den Opferstatus: Mitleid (Marginalisierung) verstärkt die Ohnmacht des Opfers, Ikonisierung (Überhöhung) legt es auf seine Schmerzen fest.

2. Das zweite Statusmerkmal ist *ein blinder Fleck.* Das Opfer nimmt nicht wahr, dass es überlebt hat und dass die Bedrohung vorüber ist. Es hält sich weiterhin für bedroht. Die Wahrnehmung: „Ich habe überlebt, die Bedrohung ist vorüber“, würde den Bannkreis des Opferdaseins sofort sprengen, sozusagen die Gefängnistür pulverisieren. Wenn diese Wahrnehmung einmal durchdringt, wirkt sie tatsächlich oft wie eine Sprengung.

3. Das dritte Statusmerkmal des Opferdaseins besteht in der *Neigung, sich zu verstecken.* Das Opfer schämt sich seiner Ohnmacht und verbirgt seine Schmerzen. Es lebt im Bannkreis der vernichtenden Erfahrungen, welche damals die Opfer-

reaktion in ihm ausgelöst hatten. Es verharrt also nach wie vor im Überlebensmodus, sowohl was seine körperliche, emotionale und rationale Bereitschaft zu Kampf oder Flucht betrifft, als auch in seinem Bestreben, seine Verwundbarkeit – also sein Opfersein – zu verbergen. Es macht sich unsichtbar hinter verschiedenen Masken: Kampfbereitschaft oder Harmoniesucht, Abhängigkeit oder Emanzipiertheit, Hilflosigkeit oder Souveränität.

Alle drei Statusmerkmale beruhen darauf, dass sowohl das Opfer als auch seine Umgebung nicht wirklich hinsehen bzw. die Wahrnehmung dessen, was ist, verweigern. Mit jeder Verweigerung des Hinsehens stellen beide Seiten den Opferstatus aufs Neue her.

Daraus folgt für mich: Die Heilung des Opfers beginnt mit dem Sehen. Sie besteht aus einem ganz elementaren Vorgang: Sehen und gesehen werden. Wenn sich das Opfer ohne Einschränkungen gesehen fühlt – und wenn es gleichzeitig seiner Umgebung gestattet, es ganz zu sehen, entdeckt es den Schlüssel an seinem Gefängnistor. Erst dann beginnt seine (Selbst-)Entlassung aus dem Opferstatus.

Damit „sehen und gesehen werden" möglich werden, scheint es unterstützend zu wirken, dem Opfer einen Anker in die Gegenwart durchs Gefängnisgitter zu reichen. Es liegt natürlich an ihm, ob es diesen Anker aufnimmt oder nicht. Es liegt an ihm, ob es – und sei es für wenige Minuten – sich in der Lage sieht, dem gegenwärtigen Moment und seiner relativen Sicherheit zu vertrauen. Natürlich hilft dabei die liebevolle, belastbare Beziehung zu einem Menschen, der im Jetzt lebt, der sich also außerhalb des Gefängnisses bewegt und sich nicht fürchtet, dem Gefängnistor nahezukommen. Manchmal ist dies eine Lebenspartnerin oder ein Freund, manchmal eine Therapeutin, ein Berater oder eine Seelsorgerin. Ob die Person außerhalb des Gefängnisses für das Opfer vertrauenswürdig ist oder nicht, hängt neben ihrer liebevollen Zuwendung auch davon ab, ob sie an die damaligen Auslöser vernichtender Erfahrungen erinnert (Übertragung) und wie sie selbst damit umgeht (Gegenübertragung).

Zum Opfer wird man, wenn angesichts einer existentiellen Bedrohung die beiden Grundreflexe „Kampf oder Flucht" nicht möglich sind. Der Kampfimpuls kommt aus dem entwicklungsgeschichtlich ältesten Teil unseres Gehirnes, dem „Reptilienhirn". Es ist für das Überleben zuständig. Der Kampfimpuls enthält die gleiche Aggression wie die von außen erscheinende Bedrohung, oft einen Tötungsimpuls. Er sagt schlicht: „Du oder ich!" Wenn ein Kampf aussichtslos erscheint, wendet sich der Impuls mit der gleichen Kraft, Aggression oder Tötungsenergie in die entgegengesetzte Richtung. Man flieht. Der Fluchtimpuls ist also ein „seitenverkehrter" Kampfimpuls. Er heißt ebenfalls: „Du oder ich!", nur dass es hier nicht um Besiegen, sondern um Entkommen geht.

Wenn beides nicht gelingt, sorgt die ansteigende Panik für den letzten Überlebensmodus, den unser Reptiliengehirn für uns bereithält: Die Lähmung bzw. Ohnmacht. „Du nicht, weil ich nicht!" Die tötungsbereite Aggression kann nicht in Kampf oder Flucht münden. Mit Hilfe der Panik jedoch findet sie einen Weg – nach innen. Sie kollabiert, analog zum Totstellreflex bei Säugetieren. Dieser Kollaps wirkt lebensrettend, indem er unmittelbare Ohnmacht herstellt. Er lässt praktisch die komplette Wahrnehmung der lebensbedrohlichen Situation mit sich verschwinden. Das betrifft die innere und die äußere Wahrnehmung (Sinneseindrücke), die Emotionen sowie alle Gedanken, die damit zu tun haben. Je nachdem, wie häufig und wie früh im Leben solche Situationen auftraten und wie bedrohlich sie erlebt wurden, friert dieser Lähmungsmechanismus präzise die betroffenen Segmente des Daseins ein, in schweren Fällen aber auch das Dasein als Ganzes. Als Kristallisationskern dieses inneren Blocks dient die vom Überlebensauftrag des Reptilienhirns mobilisierte tötungsbereite Aggression. Die Ohnmacht des Opfers enthält also noch immer jenen Tötungsimpuls, der sich damals nicht in Kampf oder Flucht entladen konnte.

Die Dynamik, die uns zum Opfer macht, sorgt gleichzeitig dafür, dass wir trotz eigentlich unerträglicher Erfahrungen weiterleben können: Wir versenken das Geschehen per Kollaps in unserem unbewussten Körpergedächtnis bzw. in unserer Seele. Der Preis dafür: Die fast völlige Abschaltung der Wahrnehmung verhindert gleichzeitig, dass man das Ende der Bedrohung wirklich registriert, die überschüssige Überlebensenergie abfließen lässt und anschließend in den entspannten Alltagsmodus zurückkehrt. Er sorgt auch dafür, dass Menschen im Opferstatus unwillkürlich in Kontakt mit ihrem tötungsbereiten Kampf- oder Fluchtimpuls kommen, wenn man ihren Opferstatus in Frage stellt oder anderweitig berührt.[11]

Der ursprüngliche Überlebensimpuls ist noch in ihnen eingesperrt wie ein Geist in der Flasche. Sobald man diesem „Geist" nahekommt, reagieren die Betroffenen wie ein weidwundes Tier; sobald man ihn freilässt, will er morden (wie in dem ent-

11. Zur körperlichen Dynamik von „Trauma" siehe Levine: Sprache ohne Worte. Ich erlebe in meiner Arbeit oft genau das, was er über die Funktion, den Rhythmus, die innere Dynamik, die körperlichen Vorgänge und die Möglichkeiten des Traumarelease schreibt.

sprechenden Märchen). Vielleicht haben deshalb viele Menschen Angst vor dem Opfer, wagen nicht, es anzusehen und verfallen in Ikonisierung bzw. Mitleid. Zum einfachen Hinsehen, zur offenen Zuwendung, braucht man Mut und vielleicht ein wenig Erfahrung im Umgang mit dem Schlüssel am eigenen Gefängnistor.

Mit Menschen im Opferstatus kann man nur dann sinnvoll arbeiten, wenn es gelingt ihnen klarzumachen, dass man nicht ihr Feind ist – und dass die Bedrohung vorüber ist. Im Bilde gesprochen: Wenn sie den Anker zur Gegenwart aufnehmen, den man ihnen durch das Gitter zugeworfen hat. Wenn nicht, geht nichts, außer Dableiben, Geduld und die Anerkennung dessen, was gerade ist.

Opfer sein bedeutet in der Selbstwahrnehmung: ich bin ohnmächtig, demzufolge handlungsunfähig und unschuldig. Auf Kinder trifft genau dies zu. Es entspricht dem grundsätzlich abhängigen Status ihrer Beziehung zur Familie und dem daraus erwachsenden Bewusstsein. Kinder sind, auch wenn es im Einzelfall Ausnahmen und Abstufungen gibt, prinzipiell nicht selbstmächtig (weil von den Eltern zutiefst abhängig), nicht selbstverantwortlich (also handlungsfähig) und daher prinzipiell unschuldig.

Jedes Kind erlebt irgendwann existentielle Ohnmacht, Schmerzen und Grenzüberschreitungen, nicht selten von seinen Eltern selbst. Es passiert einfach, häufig ohne besonderen Vorsatz. Ein Kind kann mit diesen Erfahrungen nur umgehen und dabei in der Familie bleiben, indem es etwas Merkwürdiges tut: Es nimmt die Schuld auf sich. Damit aktiviert es innere Mechanismen, die ihm erlauben, seine Ohnmacht nicht wahrzunehmen und den

Schmerz nicht zu fühlen. Objektiv ist es immer unschuldig, subjektiv fühlt es Schuld. Der Grund für all das: Es ist unbewusst ganz in seiner kindlichen Loyalität verhaftet, in seiner abhängigen Liebe zu den Eltern und zu seiner Familie. Es folgt ihr bis zur Selbstaufgabe. Es hat den Fixpunkt seines Daseins noch bei den Eltern.

Die beschriebenen Mechanismen sind Leistungen der kindlich-abhängigen Liebe, also Leistungen der emotionalen Symbiose. Sie können als Muster wie ein Grundton im Körper und in dessen Spiegel, der Seele, zurückbleiben, wenn sie nicht wirklich gesehen werden. Sie sind ohne Unterlass wirksam, etwa als ein häufiges Alarmiertsein, als Übererregbarkeit, als ständige Bereitschaft zu Kampf, Flucht oder Lähmung.

Diese Überlebensmuster entspannen sich erst, wenn das Kind ohne Ausweichmanöver (Mitleid/Ikonisierung) angeschaut, wahrgenommen und gesehen wird. Vom Herzen her. Das können wiederum prinzipiell nur Erwachsene. Erwachsene sind im Jetzt verankert. Diese Verankerung oder anders gesagt: der offene Kontakt zum gegenwärtigen Moment in der Selbstliebe, ist das konstituierende Statusmerkmal von Erwachsenen und gleichzeitig das Ende des Opferdaseins.

Das hat verschiedene Konsequenzen. Die erste davon: Aufgrund ihrer Verankerung im Jetzt ist es Erwachsenen möglich, nicht in die Schmerzen von *damals* hineinzufallen, wenn sie in sich selbst ein Kind im Opfermodus wahrnehmen. In der phänomenologischen Aufstellungsarbeit inszenieren wir das „Sehen“ des Opfers und seiner Überlebensleistung, und zwar strikt vom inneren Status des Erwachsenen her, vom Jetzt aus. Dabei bekommt man es als Begleiter dieses Prozesses wiederum mit der

Dynamik von Henne und Ei zu tun, mit dem „Sehen und gesehen werden“.

Mit Menschen im inneren Status eines Kindes kann man beraterisch oder therapeutisch genau so wenig arbeiten wie mit Menschen im Opferstatus. Denn in diesem Status sind sie *per se* handlungsunfähig. Beide, der kindliche und der Opfer-Status, entsprechen einander. In ihren Grunddynamiken halte ich sie für identisch. Analog dazu entsprechen einander der Nicht-mehr-Opfer-Status und das innere Erwachsensein. Beiden liegt als entscheidender Unterschied *der offene Kontakt zur Gegenwart* zugrunde, zum relativ sicheren „Jetzt“.

Der Kontakt zum „Jetzt“ bringt unweigerlich die Auflösung des Opferstatus mit sich. Das „Jetzt“ öffnet die Gefängnistür, manchmal sprengt es sie einfach. Sie öffnet sich schon ein wenig, wenn man mit einem Menschen wenigstens einen Moment in der Gegenwart, in seinem tatsächlichen Alter, verbringen kann. Im Bilde gesprochen: Wenn er beginnt, sich auf den Anker zur Gegenwart zu verlassen, den man ihm durch die Gitter seines Gefängnisses gereicht hat. Davon, wie schmal- oder breitbandig diese Verankerung in der Gegenwart gelingt, hängt ab, wie tropfen- oder brockenweise der Kontakt mit den damals als vernichtend erlebten Erfahrungen bemessen sein darf.

Lebendigkeit als Gefahr: Depression und Trauma

Ich denke hier an eine Frau, die hat Krebs. Ihr Tumor lässt sich recht gut behandeln. Wenn er jedoch zum Stillstand gekommen ist, fällt die Frau in Depressionen. Sie muss in die Klinik und braucht entsprechende Medikamente. Sobald sie aus der depressiven Episode herausgefunden hat, beginnt nach einer Weile der Krebs erneut zu wachsen. Die Frau ist schon mehrmals durch diesen Wechsel hindurchgegangen.

Ich möchte diesem Kapitel etwas Allgemeines über Symptombildungen und unbewusste Liebe voranstellen. Unsere Körper sind eigentlich zu nichts anderem gemacht, als dass es uns gut geht. Wenn sie beginnen, Schmerzen oder bedrohliche Symptome zu entwickeln, muss es dafür ein Motiv geben, das stärker ist als das Bedürfnis, es sich gut gehen zu lassen. Die Psyche als „das innere Leben unseres Körpers“ ist davon nicht ausgenommen.

Ein hinreichendes Motiv für diese seltsame, oft gegen sich selbst gerichtete Aktivität des menschlichen Körpers bei der Bildung von Symptomen finde ich in dem Verlangen der abhängigen Liebe, unsere Umgebung so zu stabilisieren, dass wir in Sicherheit sind. Aus der Abhängigkeit heraus hält sie die Umgebung für wichtiger als sich selbst und „tut alles für sie, egal was es sie kostet.“ Auch dann, wenn sie mit chronischen Schmerzen, psychischen Leiden oder lebensbedrohlichen Krankheiten einen hohen Preis zahlen muss.

Die Körper mancher Kinder entwickeln schon als Ungeborene im Mutterleib starke Symptome, etwa Autoimmunkrankheiten, Stoffwechselstörungen oder Missbildungen. Dies ist für sie nur dann sinnvoll, wenn es ihnen mit Hilfe solcher Symptome gelingt, sich selbst mit ihrer Umgebung so auszubalancieren, dass es der Umgebung möglichst gut geht und sie darin bleiben können. Das bedeutet: Ein Symptom ist ein Balanceakt zur Erhaltung der eigenen Lebendigkeit in einer abhängigen Situation. Gleichzeitig ist es das Ergebnis dieser Balance. Es entsteht in Symbiose, aus abhängiger Liebe, also unbewusst. Das abhängige

Kind kann dabei nicht wählen. Im Mutterleib geschieht dies auf der körperlichen Ebene, im Vollzug unserer Gestaltbildung.

Nach der Trennung von der Mutter durch die Geburt entwickeln sich die Symptombildungen auf der emotionalen Ebene, ohne dass dabei die körperliche Ebene verlassen wird. Sie ist immer mit beteiligt. Dann sagt ein Kind unbewusst: „Liebe Mutter, lieber Vater, ich nehme dir ab, was auch immer dich innerlich bedroht, und lege es auf mich. Denn wenn es dir gut geht, bin ich sicherer." Dies tut es etwa, wenn Mutter oder Vater selber an Depressionen leiden. Oder wenn jemand aus der Familie den Eindruck macht, sterben zu wollen. Oder wenn es die eigene Lebendigkeit, das innere Selbst, als „zu viel" empfindet, als „Bedrohung" für die Eltern. Das Kind greift immer ein, um seine Umgebung zu sichern, und sagt dabei: „Lieber ich als ihr." Dann kann es sozusagen krank werden zur Unterstützung der Eltern. Im magischen Weltbild der kindlich-abhängigen Liebe bringt das Kind alles, was geschieht, mit sich selbst in Verbindung. Daher ist solch ein an sich absurder Satz eine präzise und vor allem unausweichliche kindliche Ansage, letztendlich zur eigenen Rettung.

Dies ist nicht zu verwechseln mit der klassischen Neurose. Wohl kann es danach aussehen, wenn Kinder schwermütig werden, sich zurückziehen oder auch sterben wollen. Es ist aber seiner inneren Dynamik nach etwas grundsätzlich anderes als das, was Menschen später in der Jugend und im frühen Erwachsensein als neurotische Depression entwickeln. Die Schwermut eines Kindes ist die unmittelbare Anpassungsreaktion seiner abhängigen Liebe an die emotionale Umwelt, die es vorfindet. Falls es innerlich den Eindruck gewinnt, es sei mit diesen Symptomen sicherer, wird es sie ausbilden, auch wenn es lieber weniger leiden würde.

Nun zur Depression als Balanceakt, als Symptombildung zwischen abhängiger Liebe und Selbstliebe im jugendlichen Ich-Bewusstsein, oder anders gesagt in der gedanklichen Symbiose mit den Vorstellungen vom eigenen Ich. Erst, wenn in der Pubertät das emotionale Dazugehörenmüssen umschlägt in das gedankliche Dazugehörenmüssen zur verinnerlichten Umgebung (zum unbewussten Konzept vom eigenen Ich), kann sich der depressive Formenkreis entwickeln. Den Sitz im Leben, also die ursprüngliche Funktion der Selbsteinschränkung, findet man jedoch in der Kindheit oder noch davor, in der Zeit des Ungeborenen.[12]

Ich beschreibe, was ich bei der Aufstellungsarbeit sehe, natürlich auf dem Hintergrund der beiden Pole der unbewussten Liebe und der mit ihnen verbundenen Bewusstseinsstufen nach dem Modell von Wilfried Nelles. Es geht mir vor allem darum, zu sehen, was eine Depression innerlich für uns leistet.

Die jugendlich-abhängige Liebe sucht nach einem Weg aus der gefühlsmäßigen Symbiose mit der Herkunftsfamilie heraus. Dabei erkauft sie sich das Nein gegen die verinnerlichten Erwartungen der eigenen Herkunft mit dem nächsten Symbiosestadium, der Symbiose des Denkens. Ihre wirksamsten Werkzeuge sind Instrumente der Kontrolle: die Analyse, das rationale Verstehen und die Einordnung aller Phänomene des Daseins in ein wissenschaftliches Weltbild.

12. Ein anderes Motiv für die Depression ist, mit ihrer Hilfe jemandem aus der Familie zu folgen. Diese Loyalität der abhängigen Liebe kann mehrere Generationen umspannen. Man folgt dann etwa dem gefallenen Urgroßvater, von dem niemand zu sprechen wagt. Damit möchte man unbewusst oft das Gleichgewicht in der primären Gruppe „Familie" wieder herstellen, im Grunde um ihn sichtbar und damit die Familie wieder ganz zu machen.

Für diese Identifizierung mit dem Denken ist das Selbst ein Angstgegner, jene bodenlose innere Lebendigkeit, mit der wir geboren sind. Sie äußert sich in unkontrollierbaren Impulsen: In unmittelbarer Sinnlichkeit, in unverstelltem Kontakt zu den Gefühlen sowie zum körperlichen Sosein, also zur eigenen Natur. Die innere Lebendigkeit wirkt auf den Kontrolldrang der jugendlich-abhängigen Liebe wie unmittelbare Lebensgefahr. Sie muss beseitigt und dazu die eigene innere Lebendigkeit unterdrückt werden. Ich halte sie nieder, um weiterhin funktionieren zu können gemäß der Vorstellung, die ich von mir habe. Dies ist die Depression: ein innerer Kraftakt, um die eigene Lebendigkeit zu unterdrücken. Sie ist ein Akt der Aggression gegen mich selbst nach dem Prinzip der abhängigen Liebe: „Opfer gegen Rettung".

Depression wird oft verwechselt mit Trauer, ist aber das genaue Gegenteil eines jeden Gefühls. Depression verhindert das Fühlen und sorgt dafür, dass das Lebendige an sich nicht mehr zu spüren ist. Aus diesem Grund kann sich Depression zur lebensbedrohlichen Krankheit entwickeln. Natürlich enthält eine Depression Traurigkeit. Trauer entsteht immer dann, wenn das Lebendige eingeschränkt, unterdrückt oder gar abgeschnitten wird. Jedoch kann man auch sie nicht mehr wahrnehmen, wenn alles Fühlen unterdrückt ist.

Schauplatz dieses inneren Kraftaktes gegen die eigene Lebendigkeit ist sowohl unsere Psyche als auch unser Körper. Die Psyche erscheint mir als die Innenseite unserer Körperlichkeit. Daher kann Depression mit lebensbedrohlichen Krankheiten des Leibes korrespondieren, wie etwa bei der Frau, von der ich oben sprach. Unser psychisches Innenleben und unser äußeres Körperleben spiegeln sich ineinander. Jede körperliche Symptombildung hat eine psychische Entsprechung und andersherum.

Das heißt für mich: Es gibt nur psychosomatische oder somatopsychische Symptome. Eines kommt nie ohne das Andere.

Depression geht einher mit messbaren Veränderungen im Hirn- und Botenstoffwechsel. So hat die psychische Neurose „Depression" ihren Spiegel in der entsprechenden Körperneurose. Beides dient offenbar dazu, einen inneren Entwicklungsraum zu erzeugen, in dem die beiden gegensätzlichen Impulse der Pubertät – Dazugehören zur Herkunftsfamilie und Hinausgehen in die Welt – in Ruhe verhandelt werden können. Lebensbedrohlichen Krankheitswert bekommt der Entwicklungsraum namens „Neurose" erst, wenn ihre Motive über lange Zeit nicht gesehen werden. Eine Analogie dazu wäre der körperliche Schock als physische Notmaßnahme. Auch an ihm kann man sterben, wenn er sich verselbstständigt.

Um die Depression lassen zu können, bedarf es einer Leistung der Selbstliebe. Diese Leistung besteht darin, den dringenden Wunsch der kindlich-abhängigen Liebe, um jeden Preis dazugehören zu wollen, als solchen zu erkennen und aufzugeben. Das heißt, das Kind im „Damals" zu sehen und seinen Wunsch bei ihm im „Damals" zu lassen. Nur dann entfällt das Motiv dafür, etwas so Kostbares wie die eigene Lebendigkeit zu bekämpfen und praktisch zu ersticken. Erst die Selbstliebe in ihrer Orientierung an unserer inneren Lebendigkeit vermag es, den unlösbaren Gewissenskonflikt der Jugend zu sehen und ihn ungelöst zu lassen. Erst die Selbstliebe findet aus der Alternative „Zugehörigkeit oder Untergang" hinaus, indem sie entdeckt, dass sie nicht mehr von ihrer Umgebung abhängig ist. So findet sie zur Gegenwart, also zu ihrer Freiheit. Sie hört auf, die Neurose zu bekämpfen und damit den per se neurotischen Regeln des jugendlichen Gewissens weiter zu folgen. Das „Jetzt" braucht keinen Kampf, sondern Hingabe. Erst wenn man sie auf erwachsene Art von der Gegenwart her liebevoll ansieht, wird auch die Neurose namens Depression erkennbar als ein Echo aus unserem „Damals“. In der Selbstliebe löst sie sich auf in das, was jede Neurose im Grunde ist: in Luft.

Vorher wird die Selbstliebe auf ihre Verlässlichkeit geprüft. Die Neurose glaubt ihr nicht ohne weiteres, dass die Gegenwart nun sicher ist. Sie schützt sich gut, wie alle Überlebensmechanismen, die sich verselbständigt haben. Die meiste Energie bezieht sie aus unserem Kampf gegen sie. Man erhält sie direkt am Leben, indem man sie bekämpft. Wenn man drinsteckt, agiert Depression wie ein schwarzes Loch, wie eine dunkle Negativität. Wie die schwarzen Löcher im Zentrum von Galaxien zieht eine Depression alles an, was sie erreichen kann, und „verbraucht“ es.

Wenn ich in einer depressiven Episode mit anderen Menschen zusammenlebe, werden diese möglicherweise ebenfalls mit verbraucht. Ich habe Familien gesehen, in denen alle Mitglieder der Depression eines Elternteils dienten. Sie ließen sich davon ihr eigenes Leben wegnehmen, also „verbrauchen“. Die Gefahr für sie ist oft größer als für die depressiven Menschen selbst.

> „Das Einzige, was mir aus der Depression letztendlich herausgeholfen hat, war die völlige Verständnislosigkeit meiner Umgebung. Sie haben einfach nicht mehr mitgemacht. Von da an musste ich selber mich kümmern.“

Das hat mir ein Mann mit depressiver Krankengeschichte direkt so gesagt. Jeder, der einem depressiven Menschen heraushelfen möchte im Sinne von: „Komm, ich unterstütz dich ein bisschen, ich steh dir bei, wenn es dir so schlecht geht“, wird von der

Depression leicht mit aufgesogen. Hier zeigt sich erneut, wie streng Liebe ist. Auch zur Hilfe bei Depression wird die Liebe der unpersönlichen Art benötigt, die Selbstliebe zur eigenen Lebendigkeit. Sie ist offen und berührbar, aber nicht mehr abhängig davon, ob es dem anderen Menschen nun durch meine Aktivitäten besser geht oder nicht. Daher bleibt sie gegen den Energieverbrauch einer Depression immun.

In der Selbstliebe öffne ich mich dem, was gerade geschieht, ohne mich hineinziehen zu lassen. Wenn ich in dieser Haltung mit jemandem zusammen komme, der depressiv ist, dann kann er oder sie möglicherweise das „tödliche Risiko" eingehen, sich der eigenen Lebendigkeit ebenfalls zu öffnen. Ich übertreibe nicht: Aus der Perspektive der jugendlich-abhängigen Liebe fühlt sich jede Öffnung gegenüber der eigenen Lebendigkeit wie ein tödliches Risiko an. Denn damit findet die Kontrolle über die eigene Zugehörigkeit ein Ende.

Neurose als „innerer Entwicklungsraum" schützt uns zunächst vor dem unmittelbaren Kontakt zur Gegenwart, da diese noch als zu bedrohlich empfunden wird. Die Depression treibt es damit auf die Spitze, indem sie den Kontakt zur Gegenwart nahezu vollständig unterbricht und uns isoliert. Das kann sich anfühlen, als sei man in der Hölle, könne aber weder etwas fühlen noch etwas tun, sondern sei einfach unendlich erschöpft. Natürlich, alle Energie wird verbraucht in der Unterdrückung des eigenen Lebendigseins, in der Verhinderung des Kontaktes mit sich selbst.

In der Arbeit mit Menschen in einer depressiven Episode habe ich keinen Einfluss darauf, ob und wie jemand den Kontakt mit sich selbst zulässt oder nicht. Manchmal ist es möglich. Dann entwickeln sich ohne Ausnahme tiefe, auch körperlich heftige Prozesse, die der Arbeit mit traumatischen Erinnerungen entsprechen. Manchmal sieht es zunächst so aus, als würde sich etwas bewegen, dann zieht es die Menschen wieder zurück in die Depression. Manchmal geschieht einfach nichts. Und das ist auch ok. Denn: Wer bin ich, dass ich gegen den Überlebenstrieb in Gestalt der Depression eines Menschen vorgehen dürfte? Die Entscheidung zum eigenen Leben kann und darf ich niemandem abnehmen. Ich kann ja nicht sein Leben leben, sondern nur meines.

Für das Auftreten von Depressionen gibt es ein weiteres Motiv, das der kindlichen Selbstunterdrückung strukturell ähnlich ist. Im Formenkreis der „Traumasymptome" hat Depression die Aufgabe, mich vor den Echos des damals überwältigenden Erlebens zu schützen. Dazu ganz knapp: Trauma kann im Nachhinein entstehen, wenn etwas auf mich zukommt, das für mich zu viel ist und sich daher vernichtend anfühlt. Das kann körperlich verletzend, bedrohlich, grenzüberschreitend, missbräuchlich oder auch nur anzüglich sein, entscheidend ist: Es war zu viel für mich, und ich konnte nicht reagieren.

Im Kapitel über den Opferstatus wurde schon deutlich: „Trauma" ist nicht das überwältigende Ereignis von „Damals", sondern das, was die „Echos" meiner damals aktivierten Überlebensmechanismen im „Jetzt" daraus machen. Damals konnte ich weder fliehen noch kämpfen, habe aber die Energien dazu aktivieren müssen. In der Lähmung verschwanden sie nach innen. Sie kollabierten mit allem, was zu meiner Wahrnehmung der überwältigenden Situation gehörte: Erinnerungen, Körperwahrnehmungen, Emotionen und Gedanken.[13] Wie viel dabei mit kollabiert, hängt davon ab, wie vernichtend die Überwältigung subjektiv wirkt, wie häufig sie stattfindet, in welchem

13. Levine.

Alter, letztlich vom Ausmaß der dabei empfundenen Ohnmacht. Dies geschieht blitzschnell, ohne mein bewusstes Zutun. Die kollabierte Überlebensenergie besteht aus reiner Aggression, um das Überwältigende abwehren zu können. Nach innen gewendet, wird sie für den Körper zur Belastung. Irgendwann kann er sie nicht mehr halten. Wenn es subjektiv sicher genug ist, wenn also der zeitliche Sicherheitsabstand zwischen „Jetzt" und „Damals" als groß genug empfunden wird, beginnt sich die innen gehaltene Überlebensenergie zu regen. Sie erzeugt die bekannten „Traumasymptome", wenn sie sich lösen und endlich entspannen will.

In diesem Stadium kann es sein, dass die Depression die Aufgabe bekommt, das, was wir fühlen, von uns fernzuhalten, indem sie es unterdrückt. Damit gehört sie im weitesten Sinne zum Formenkreis der „Traumasymptome". Sie wäre dann das Anzeichen einer ersten inneren Bewegung zur Transformation eines „Traumas", das sie schützen und noch unten halten möchte. Immer dann, wenn sich etwas von der „eingefrorenen" Überlebensenergie zeigen kann und gefühlt werden darf, etwa als Wut, Angst, körperliches Zittern, Fieber, Ohnmacht, oder was auch immer an Lösungszeichen zur Traumaarbeit gehört, wird der innere Auftrag zur Unterdrückung der eigenen Lebendigkeit lockerer, bekommt die Depression weniger Energie. Sie beginnt, unsere Lebendigkeit wieder freizugeben, und öffnet den Zugang zu den damals mit „eingefrorenen" Ressourcen und Fähigkeiten.

An dieser Stelle lässt sich zeigen, wie „Trauma", „Depression" und „Neurose" mit unbewusster Liebe zusammenhängen bzw. aus ihr heraus wirken. Sie alle haben ihre Grundstruktur mit der abhängigen Liebe gemeinsam. Die Kraft für ihre Aktivitäten kommt aus der Selbstliebe.

Zur Erinnerung: Die abhängige Liebe folgt dem Muster: „Kooperation gegen Sicherheit". Sie verschärft es im Falle extremer Bedrohung in: „Opfer gegen Rettung". Aus Überlebensgründen schränkt sie dabei ihren Gegenpol ein, die Selbstliebe zur eigenen Lebendigkeit. Die Selbstliebe lässt sich bereitwillig von ihr einschränken, ohne dabei zu verschwinden. In diesem Licht erscheinen wir Menschen als Lebewesen, die sich selbst beim Lebendigsein beschränken, um überleben zu können.

Anders gesagt, das Wesen „Mensch" schützt seine eigene Lebendigkeit, indem es sie unterdrückt. In subjektiv empfundenen Bedrohungslagen legt es seinen inneren Kontakt zu dieser Lebendigkeit – das ist die Selbstliebe, von der ich hier immer spreche – auf Eis, um weiterleben zu können. Es nutzt dazu die abhängige Liebe in ihrer grundlegenden Bereitschaft zum „Opfer gegen Rettung". Für Zeiten und Momente der Bedrohung übernimmt die abhängige Liebe das Steuerrad, während die Selbstliebe in Zeiten und Momenten der Sicherheit dran ist.

Bevor so etwas wie „Neurose", „Trauma" und „Depression" überhaupt auftreten können, steuert das Prinzip „Opfer gegen Rettung" der abhängigen Liebe den zentralen Vorgang in uns, wenn wir körperlich und psychisch auf eine tatsächliche unmittelbar vernichtende Bedrohung reagieren müssen.

Falls wir nicht kämpfen oder fliehen können, zwingt uns die eigene Ohnmacht oder Lähmung, unsere Lebendigkeit in einem blitzschnellen Reflex des „Reptilienhirns" buchstäblich einzuschränken[14]: Die natürliche Überlebensaggression kann nicht in Kampf oder Flucht münden, sondern sie kollabiert nach innen,

14. Levine.

weil wir eben ohnmächtig sind, z. B. etwa als abhängige Kinder oder als Gewalt- oder Unfallopfer.

Der Kollaps nach innen in den Schock, das „Einfrieren", bewirkt eine direkte Einschränkung der eigenen Lebendigkeit, also unseres Selbst, *damit es vor der Überwältigung geschützt sei.* Diese körperlich-psychische Operation hat uns damals tatsächlich gerettet, denn wir sind ja noch da. Das Prinzip „Opfer gegen Rettung" hat funktioniert. Die unmittelbare Selbsteinschränkung in der tatsächlichen Bedrohung von damals darf damit als die elementarste Äußerung der abhängigen Liebe angesehen werden. Sie sorgte für unser Überleben.

Selbsteinschränkung als „Opfer gegen Rettung" wirkt jedoch nicht nur im Moment der tatsächlichen Überwältigung, sondern auch bei unserer inneren Verarbeitung dieses Ereignisses: Wir aktivieren das innere Bild der damaligen Bedrohung, die körperlich-psychische Erinnerung daran, wenn sich heute, im „Jetzt", eine Situation recht ähnlich anfühlt. Damit sorgen wir unbewusst dafür, dass wir die befürchtete Bedrohung von heute ebenso überleben können wie die echte von damals. Erst diese aktuelle Aktivierung der damals rettenden inneren Vorgänge ergibt das „Trauma". Sie schränkt unsere Lebendigkeit ebenso ein wie damals, denn wir erleben dabei innerlich nicht den gegenwärtigen Moment, sondern die damalige Situation.

Trauma beschränkt auf diese Weise unser Selbst, damit es vor der *befürchteten* Überwältigung geschützt sei. Wenn der unbewusste Sicherheitsabstand zur tatsächlichen Bedrohung groß genug ist und wir also das gegenwärtige „Jetzt" als relativ sicher wehrnehmen können, beginnt die Erinnerung an das damalige Rettungsverhalten samt der darin gespeicherten Energie, sich zu lockern.

Dies kann einhergehen mit Symptomen der sogenannten „posttraumatischen Belastungsstörung" (PTBS), ist aber nicht „das Trauma" selbst, sondern seine beginnende Entspannung.

Die Depression folgt demselben Prinzip. Auch sie schränkt die eigene Lebendigkeit ein, um zu überleben. Damit schützt sie mich vor der aktuellen Erinnerung an ein ohnmächtiges und bedrohtes „Damals". Sie tut dies, damit ich sein kann, der oder die ich sein *will*, und nicht sein muss, der oder die ich eben *bin*, denn das würde auch mein bedrohtes ohnmächtiges „Damals" mit einschließen. Hier begegnen wir der Neurose, jenem inneren Entwicklungsraum, der quasi als „Gastgeber" dient für all unsere inneren Aktivitäten der Selbsteinschränkung um des Überlebens willen. Die Neurose tut genau dies: Sie schützt mich vor dem, der ich von meiner Natur und meiner Geschichte her bin und identifiziert mich zu diesem Zweck mit dem, der ich sein will.

„Neurose" ist damit die allgemeinste Beschreibung für das Prinzip „Opfer gegen Rettung", mit dem wir unsere Lebendigkeit einschränken, *ohne im Moment tatsächlich bedroht zu sein.* Sie ist eine innere Vorsichtsmaßnahme der abhängigen Liebe. Mit ihrer Hilfe schützen wir uns im gegenwärtigen „Jetzt" vor der *befürchteten* Bedrohung, wie wir sie körperlich und psychisch als symbiotische Erinnerung an unser „damals" aufrecht erhalten. Neurose löst sich erst auf, wenn wir körperlich und psychisch erkennen, dass wir überlebt haben, im „Jetzt" angekommen und damit in Sicherheit sind. Dazu müssen wir aus der Sicherheit des „Jetzt" heraus die Echos noch einmal fühlen und dabei wahrnehmen dürfen, dass es nur Echos sind.

All diese Phänomene sind Gestaltungen unseres Überlebenstriebes. Sie schützen darin unsere innere Lebendigkeit, indem sie

sie so lange einschränken, bis subjektiv sichere Zeiten kommen. Sie tun damit genau das, was ich als abhängige Liebe in ihrem Prinzip „Opfer gegen Rettung“ beschreibe. Sie können dies nur leisten, weil sie mit unserer inneren Lebendigkeit, mit unserem Selbst, ein „Gegengewicht“ und vor allem eine Quelle haben, aus der alle Ressourcen kommen, die sie für ihre rettenden Aktionen brauchen.

Die innere Lebendigkeit als das Leben *„mit* dem wir geboren werden“[15], stellt alles bereit, was jeweils für die Operationen der abhängigen Liebe nötig ist. Wir sehen es dann, wenn ihre Ressourcen, welche damals von der abhängigen Liebe verwendet und in der Bedrohung „eingefroren wurden“, heute in der Sicherheit, in der Entspannung, sozusagen beim „Traumarelease“, wieder frei werden. Dann stehen sie uns in der Gegenwart, im „Jetzt“, neu zur Verfügung, als das, was sie sind: pure Lebendigkeit.

Du und Ich: Fünf Thesen zur Paarliebe

Alles, was ich im folgenden Kapitel beschreibe, sehe ich sowohl bei gegengeschlechtlichen als auch bei gleichgeschlechtlichen Paaren. Ich konnte es mir nicht verkneifen, zu Beginn ein ganz bestimmtes eheliches Frühstücksgespräch anzudeuten.

> „Berta!“
> „Ja ...“
> „Das Ei ist hart!“
> ...
> ...

15. Hillmann.

„... und du sagst, mit meinem Gefühl stimmt was nicht?"

...

...

„Ich hätte nur gern ein weiches Ei."
„Gott, was sind Männer primitiv!"
„(Murmelt düster vor sich hin) Ich bring sie um ... morgen bringe ich sie um."

Loriot: „Das Frühstücksei". © Diogenes Verlag AG, Zürich.
Nachruf auf Loriot, S. 3.

Loriot sieht einem erfahrenen Paar dabei zu, wie sie mit Hilfe eines Frühstückseis ihre „Echos" von „Damals" aktivieren und dann mit voller Gewalt aufeinander loslassen. Er liefert ein grandioses Paradigma von Übertragung und Gegenübertragung, bis hin zur leise gemurmelten Mordlust am Schluss. Aus dem Absurden daran macht er unvergleichliche Kunst. Hinein also ins Paarleben!

1. These
Über das Zustandekommen eurer Paarbeziehung habt nicht ihr entschieden. Über das Ende werdet ihr ebenfalls nicht entscheiden.

Wenn du beschließt, mit jemandem paarweise zusammen zu leben, entscheidest nicht du selbst, sondern die Liebe, in welcher Gestalt auch immer. Möglicherweise hat sie die Gestalt der erwachsenen Liebe zu dir selbst wie zu deinem Partner oder deiner Partnerin. Möglicherweise ist es die kindlich-abhängige Liebe zu deiner Mutter oder deinem Vater, deren Bild du über deine Liebste gelegt hast. Möglicherweise klatschen deine Hormone einfach Beifall zum Fortpflanzungsauftrag des Lebens.

Dein Liebster ist eben grad da und riecht so gut. Außerdem wirst du es sowieso anders machen als deine Eltern, ganz wie es die jugendlich-abhängige Liebe von dir fordert. Es könnte sein, dass es lange funktioniert im Sinne von: Ihr könnt euch gut leiden, der Sex macht Spaß, ihr begegnet euch nicht nur formal in den Abläufen des Alltags, sondern findet euch auch im Geiste. Vielleicht kommen sogar Kinder, und vielleicht übersteht ihr einige Krisen. Bis dahin hilft euch alles, was ihr in eurem bisherigen Leben gelernt habt, in euren Herkunftsfamilien, mit Freunden, Liebhabern, früheren Partnern.

Irgendwann stellt ihr fest, dass alles, was ihr bis jetzt könnt, nicht mehr hilft. Möglicherweise fühlt ihr euch zunehmend von eurer Partnerin oder eurem Partner unverstanden, nicht gesehen, unter Druck gesetzt, allein gelassen. Der Sex ist auch nicht das geworden, was er mal zu sein versprach. So beginnt ihr zu leiden an eurer Beziehung, mehr oder weniger bereitwillig. Die einen suchen die Schuld zuerst bei sich. Andere suchen sie mehr beim Anderen. Du beginnst, dich selber oder den Anderen zu bekämpfen. Du suchst dir Fluchtwege, eine Affäre, ein inneres Exil oder ein Projekt, etwa den Hausbau, weitere Kinder oder ein neues Hobby.

2. These
Wenn du in deiner Paarbeziehung leidest, leidest du an dir selbst.
Deinem Partner oder deiner Partnerin ergeht es ebenso, nur eben mit sich.

Innerlich erwachsene Männer und Frauen können traurig, verzweifelt, fröhlich oder wer weiß was sein, je nachdem, was die gegenwärtige Situation an Emotionen braucht, damit man sie durchleben kann. Sie haben jedoch verlernt, dauerhaft zu leiden.

Das heißt nicht, dass es ihnen nicht auch dreckig gehen kann. Aber sie bleiben nicht im Leiden. Wie kommt das?

Wenn man dem Leiden in einer Paarbeziehung auf den Grund geht, findet man entweder einen verzweifelten Jugendlichen, ein ohnmächtiges Kind oder ein völlig unbewusstes Ungeborenes. Sie alle lieben die, von denen sie abhängig sind, und gleichzeitig lieben sie das Leben in sich selbst. Wenn beides in einen Widerspruch kommt, leiden sie. Sie können nicht anders. Sie können nicht weg, sie können weder ihrer Abhängigkeit noch ihrer Lebendigkeit entfliehen. Sie haben also keine Alternative zu ihrem Empfinden und zu ihrem Verhalten. Wenn sie keinen Ausweg sehen, greifen sie zur Notbremse.

Für die Paarbeziehung kann dies das Ende bedeuten, ob vollzogen oder nicht. Auch hier entscheidet Liebe. Da meint ein Ungeborenes, Kind oder Jugendlicher, jemanden retten zu müssen, manchmal auch sich selber. Das bedeutet: Am Leiden in einer Paarbeziehung ist niemand schuld. Es gibt einfach keine Schuldigen. Es gibt nur (unbewusste) Liebe, wenn auch in völlig unterschiedlicher Gestalt. Wie kommen diese oft verzweifelt liebenden Ungeborenen, Kinder und Jugendlichen in eure Paarbeziehung? Ihr bringt sie selbst mit, und zwar jeder seine. Alle Menschen tragen ihre früheren Lebensstufen in sich herum, als inneren Status, als Körper-Erinnerung, als emotionale Muster, als Denk-Gewohnheiten, als Vor-Urteile, als Grundstimmung u.v.a.m. Fast alle Menschen sind mehr oder weniger mit ihnen identifiziert. Sie verwechseln ihr heutiges Erleben mit dem damaligen als Ungeborenes, als Kind oder Jugendliche, und: Sie bemerken diese Verwechslung nicht. Sie halten alles, was sie im inneren Status des Ungeborenen, des Kindes oder der Jugendlichen erleben, für real, für gegenwärtig und echt.

Es ist aber nicht real, es ist nicht echt. Es ist ein Film aus deiner Vergangenheit, der sich echt anfühlt, ein Traum, sonst nichts. Damals war er das wirklich wahre Leben, heute ist er eine Illusion, die dich vom wirklich wahren Leben fernhält. Allgemein gesprochen: Du verwechselst dein heutiges „Jetzt“ mit dem vergangenen „Damals“.

Wenn du angesichts deines Partners oder deiner Partnerin leidest, spürst du etwas lange Vergangenes: vielleicht einen Verzicht des Ungeborenen zugunsten des Körpers der Mutter, vielleicht den ohnmächtigen Schmerz des übergangenen Kindes oder die hilflose Wut der Jugendlichen. In den vergangenen Kapiteln war zu sehen, wie sie als innere Wächter versuchen, dich zu schützen, damit sie nicht wieder so verletzt werden wie damals. Aber wie kann das sein? *Dein Partne*r verhält sich doch so, dass du leidest?!

3. These
Eine Paarbeziehung aktiviert durch die besondere Nähe zueinander alle früheren Bedrohungen, denen man jemals bewusst oder unbewusst ausgesetzt war.

Dein Partner oder deine Partnerin sind, wie sie eben sind. Du ebenfalls. Niemand kann sich willentlich ändern. Wir sind zu einem Teil sozusagen die Summe unserer Überlebensleistungen, also dessen, was wir in früheren Bedrohungssituationen gelernt haben, zum anderen Teil sind wir das jeweils Einzigartige, was das Leben in uns hineingelegt hat, damit wir es in die Welt bringen. Beides kann sich niemand aussuchen. Der freie Wille ist das Märchen der Jugend, er ist ihr Bewusstseinshorizont.

Nebenbei: Die Erfüllung aller Wünsche durch eigenes Wohlverhalten ist das Märchen der Kindheit bzw. ihr Bewusstseinshorizont, das Paradies ist das Märchen der Ungeborenen, also ihr Bewusstseinshorizont. Jede Lebensstufe hat ihre eigene Erfahrungswelt innerhalb dieser Bewusstseinsgrenzen. Sie wächst immer so lange, bis sie gesprengt wird, weil sie nicht mehr zum wirklich wahren Leben passt.

Für den erwachsenen Mann und die erwachsene Frau heißt die neue Erfahrungswelt, das wirklich wahre Leben: Ich bin verantwortlich für etwas, das ich nicht gemacht habe, nämlich für mich selbst. Das mag sich zunächst wie ein Justizirrtum mit „lebenslänglich" anhören, ist es aber nicht. Im Gegenteil: Es ist der Freispruch erster Klasse. Ich bin *nur* für mich selbst verantwortlich.

Für meinen Partner bin ich nicht verantwortlich. Punkt. Alles weitere würde mich heillos überfordern, und hat es auch. Mit der Verantwortung für mich selbst bin ich allein, denn niemand sonst kann mir etwas davon abnehmen. Schon gar nicht meine Partnerin.

Und die Jugendliche, das Kind oder das Ungeborene innen drin, die uns immer wieder dazwischenschreien? Sie empfinden und beurteilen das heutige Leben mit deiner Partnerin aus ihrer damaligen Welt heraus, ihrem damaligen körperlichen, emotionalen und rationalen Status, ihren damaligen Möglichkeiten. Sie lieben noch immer auf dieselbe, ihnen damals angemessene Weise. Sie glauben an das Paradies, an die Erfüllung aller Wünsche und an den freien Willen. Aus ihrer Sicht haben sie Recht. Sie haben vor allem keine Alternative. Sie können noch nicht weiter sehen, bisher jedenfalls.

Wir wandern innerlich immer wieder durch all diese Gestaltungen der Liebe, so wie sie damals notwendig waren. Viele hundert Mal am Tag. Ich halte das für unvermeidlich und für völlig in Ordnung. Erwachsene Menschen haben all dies in sich, ganz von selbst, es war ja ihr Leben. Neu ist: sie müssen es jetzt nicht mehr vermeiden, sondern können es geschehen lassen, ohne sich damit zu verwechseln.

Das bedeutet: Nun, in deiner Partnerschaft, wenn sich all diese früheren Gestaltungen deiner selbst angesichts deiner Partnerin/ deines Partners auf den Plan gerufen fühlen, könnten sie bei dir sehen und erleben, dass es jetzt, nach so vielen Jahren, etwas anderes gibt, andere Möglichkeiten, eine echte Freiheit. Sie könnten sehen, dass es sich gelohnt hat, was sie damals getan oder vermieden haben, dass es weitergegangen ist. Dein „Jetzt" ist ganz anders als ihr „Damals". Lass sie das sehen. In diesem Sinne bist du für sie verantwortlich.

4. These
In dem Moment, wo ihr euch erlaubt, euch selbst in der Gegenwart zu sehen, beginnt etwas völlig Neues. Es beginnt der Anfang vom Ende eures Leidens.

Dein „Jetzt" ist tatsächlich ganz anders als dein „Damals". Es gibt zwei wesentliche Unterschiede: Erstens hast du überlebt. Zweitens bist du nun erwachsen. Du bist jetzt relativ sicher, denn dein Leben hängt nicht mehr wie damals von deinen Eltern oder anderen mächtigen Bezugspersonen ab. Du bist frei. Was machst du nun damit?

Abhängigkeit erzeugt Orientierung. Daran ist nichts falsch aus der Sicht des Abhängigen. Das Ungeborene orientiert sich über das körperliche Spüren, das Kind über das Fühlen, der Jugendliche über das Denken. Wohin mit all dem, wenn die Abhängigkeit nicht mehr existiert?

Wie bringe ich dem aufgeregten inneren Jugendlichen bei, dass er nicht in Gefahr kommt, wenn ich mich z. B. mit meiner Partnerin völlig gehen lasse? Wie überzeuge ich das panische Kind in mir davon, dass es inzwischen für mich ungefährlich ist, wenn mein Mann mich nicht versteht oder ich ihn nicht, ja, dass dies gar nicht möglich und noch nicht mal besonders wichtig ist, weil Männer und Frauen sich selbst und den Anderen auf verschiedene Weise erleben und auch verschieden kommunizieren? Wie zeige ich dem nach Symbiose hungernden Ungeborenen, dass Trennung und Getrenntsein nicht den Tod bedeuten, sondern den Fortgang des Lebens? Es weiß ja nichts vom Leben nach der Geburt.

Woher nehme ich Orientierung, wenn ich von niemandem mehr abhängig bin, außer von dem Leben, das da in mir pocht und atmet? Da kann einem doch schwindlig werden[16]. Wie lässt sich eine Partnerschaft führen, wenn der Andere nicht mehr schuld ist (ein beliebtes Orientierungsmittel), auch ich nicht (noch beliebter)? Wenn wir merken, dass in unserem Streit, in unserem Schweigen, in unserer Verlassenheit, in unseren Grausamkeiten und was das partnerschaftliche Leidensarsenal sonst noch so bereit hält, einfach nur erschrockene Ungeborene, Kinder und Jugendliche um ihr Leben kämpfen, also um unser Leben?

16. „Mir wird schwindlig", sagen Menschen in der Arbeit mit ihnen oft dann, wenn eine Symbiose mit dem „Damals" sich im „Jetzt" aufzulösen beginnt. Am Ende ihres inneren Prozesses verschwindet der Schwindel.

Wenn wir das bemerken, bleibt als einzige Orientierung unsere Lebendigkeit übrig, dieses Atmen und Pochen und eigenwillige Sichregen in uns selbst, immer von Augenblick zu Augenblick. Wir sind es nun, die von da aus unseren inneren Ungeborenen, Kindern und Jugendlichen als Orientierung dienen können und müssen.

Wie geht das? Indem wir lernen, ihnen Recht zu geben, ohne ihnen zu folgen. Sie brauchen die mitfühlende, liebevolle und klare Distanz. Sie brauchen den Eindruck: „Ok, ich hätte das nie gedacht, aber da ist jemand Erwachsenes, der mich sieht. Er oder sie verurteilt mich nicht, bemitleidet oder hofiert mich nicht, sondern schaut einfach mal richtig hin. Und der oder die hat offenbar Möglichkeiten, die ich nicht habe. Der kann sich frei bewegen und tut es auch. Die opfert ihr Leben nicht mehr der Mama oder beschränkt sein Glück für den Papa. Der oder die folgt einfach sich selbst, ohne die Partnerin oder den Partner dafür haftbar zu machen."

Sie werden aufatmen, und wie. Der erwachsene Mann und die erwachsene Frau selbst sind die einzige brauchbare Orientierung für unsere früheren Lebensstufen. Nicht der Partner oder die Partnerin.

5. These
Die Kunst des paarweisen Zusammenlebens besteht darin,
sich selbst zu lassen, ebenso wie den oder die andere, und ansonsten:
Die Liebe (machen) zu lassen.

Wenn ich satt davon bin, mich immer und immer wieder von einer gequälten jüngeren Ausgabe meiner selbst in deren lange vergangenes Leiden ziehen zu lassen, hört es einfach auf. Das fühlt sich manchmal an, wie man sich vielleicht das Sterben vorstellt, nur dass man hinterher lebendiger ist als vorher.[17]

Ich beginne etwa, meinem inneren Jugendlichen dabei zuzuschauen, was er so macht, wenn die Partnerin sich so und so verhält. Er fühlt sich zum Beispiel jedes Mal bedroht, wenn die Liebste sich abzuwenden scheint. Er weiß ja nicht, dass ich inzwischen über fünfzig bin, und ein wenig gelassener als damals. Er muss es auch nicht besser wissen. Es genügt, wenn ich es weiß, der Erwachsene. Ich schaue ihm (also mir) bei seinen Rettungsmanövern zu (Rückzug, Gekränktsein, Klammern, Scham, Wut usw.). Ich sage ihm, dass er für mich so in Ordnung ist, weil er auf diese Weise meine Männlichkeit durch die Zeit der (gefühlten) Bedrohung hindurch geschützt und bewahrt hat. Ich warte, bis er zu mir schaut, und zeige ihm, wer ich heute bin. Ein Mann Anfang Fünfzig. Das ist alles. Dann entspannt er sich. Und sieht, zusammen mit mir, dem Erwachsenen: Die Liebste hatte sich gar nicht abgewendet, es schien nur so. Sie war schlicht mit etwas anderem beschäftigt, was ihr ja zusteht. Ich bin frei, mich ihr zu nähern. Welche Überraschung! Der Jugendliche damals hatte gelitten und keinen Ausweg gefunden. Wenn ich heute von ihm „gesteuert“ werde, finde auch ich keinen Ausweg und leide wie er, denn aus seiner Perspektive gibt es schlicht und einfach keine Lösung. Er muss mindestens innerlich weggehen, um weiterleben zu können. Er ist damit im Recht. Ich nicht, ich kann bleiben.

Was mache ich damit? Nichts. Ich lasse mich so. Ich lebe es. Ich kann den Jugendlichen, das Kind oder den Ungeborenen in mir nicht austreiben oder gar „erziehen“. Das wäre auch fatal, ich

17. Siehe Seite 107, Die innere Geburt.

würde mich um mich selbst bringen. Das Gegenteil ist möglich: ich kann ihn hereinnehmen, seine Erfahrung respektieren und seine Leistung würdigen. Dann lässt er mich entspannt und lustvoll erwachsen sein. Für mein paarweises Zusammenleben heißt das: wir lassen die Liebe machen. Sie kümmert sich sowieso nicht um unser Leiden, sie ist einfach da.

Wenn ihr die Liebe machen lasst, passiert etwas merkwürdiges: Euer Paarleben verliert an Sicherheit. Sie wird nicht mehr so sehr gebraucht wie etwa damals, als ihr Kinder wart. Sicherheit und Geborgenheit sind berechtigte Bedürfnisse eines Kindes. Euer Paarleben verliert das Symbiotische, den Drang, die Welt durch den Anderen zu erleben und alles „gemeinsam zu machen". Der Drang nach Verschmelzung gehört zum Ungeborenen, es kann gar nicht anders im Leib der Mutter.

Euer Paarleben verliert das Diskutieren, den Kampf der Willenskräfte, den Drang nach Autonomie. Der Jugendliche in euch brauchte das, er musste ein eigenes „Ich" erfinden. Ihr nicht mehr. Was nötig ist, wird einfach getan von dem, der grad Zeit und Kraft hat. Was euch bewegt, wird zur Begegnung, wenn es gerade möglich ist. Was lustvoll ist, ergibt sich von selbst aus dem, was ihr an Wünschen in euch spürt und euch mitteilt.

Die einzige Sicherheit beim paarweisen Zusammenleben ist eure Lebendigkeit, eines jeden seine, und die Verbindung, welche die Liebe zwischen euren beiden Lebendigkeiten schafft. Diese Liebe wird sich für eure inneren Jugendlichen, Kinder und Ungeborenen immer wieder wie eine tödliche Bedrohung anfühlen. Sie übersteigt deren Erfahrungshorizont. Denn die Liebe, die ein erwachsenes Paar miteinander teilen kann, kommt aus der Selbstliebe der beiden. Sie öffnet den Raum, in dem sich genau diese aufgeschreckten inneren Instanzen entspannen können, weil sie gesehen werden. Es geht nur darum, ihnen nicht in ihr Leiden von damals zu folgen, sondern da zu bleiben, wo ihr seid, im Hier und Jetzt und beieinander. Das ist alles.

Ich lasse es gut sein: Vom Nehmen und Verlassen der Eltern

In der Aufstellungsarbeit wird oft vom „Nehmen der Eltern" gesprochen. Was ist damit gemeint, warum ist das so entscheidend, und warum manchmal so schwierig?

Ich sage es gleich am Anfang dieses Kapitels: Man nimmt seine Eltern, indem man sie verlässt. Es geht um ein Aufgeben und gleichzeitig um ein Finden. Indem ich als erwachsener Mensch alle inneren wie äußeren Ansprüche an Vater und Mutter aufgebe, geschehen zwei Dinge auf einmal: Ich beginne, meine tatsächlich vorhandene Freiheit zu realisieren, gleichzeitig stelle ich fest, dass ich allein bin. Ich bin ganz mit mir selbst. Ich stoße auf mich, ich finde mich, sozusagen. Es gibt niemanden mehr, der mir sagen könnte, wie ich leben soll. Darin stoße ich auf eine Freiheit, die eigentlich immer schon da ist, seit ich nicht mehr zuhause wohne. Vielleicht durfte sie noch nicht wirklich bei mir ankommen.

Das „Nehmen der Eltern" ist dasselbe wie das „Verlassen der Eltern". Eines geht nicht ohne das andere, und beides bezeichnet innere Bewegungen erwachsener Menschen gegenüber ihren Müttern und Vätern. Das innerliche Verlassen der Eltern bringt es mit sich, sie so zu nehmen wie sie sind. Und umgekehrt. Ich nehme meine Eltern, indem ich aufhöre, sie zu verteufeln oder in den Himmel zu heben, indem ich aufhöre, ihnen etwas abzunehmen oder ihnen etwas vorzuwerfen. Ich nehme meine Eltern, indem ich sie so sein lasse, wie sie als Menschen eben sind und waren. Ich entbinde sie innerlich von allem, was ich mir unter „meine Mutter sein“ und „mein Vater sein“ je vorgestellt hatte. Damit überlasse ich diese Frau und diesen Mann ganz ihrem eigenen Dasein. Auch mich selbst entlasse ich damit aus allen Ansprüchen und Verpflichtungen, die sich mit „Kind“ verbinden.

Das bedeutet nicht etwa, dass ich nun nichts mehr mit meinem Vater und meiner Mutter zu tun hätte. Sie bleiben lebenslang meine Eltern und ich lebenslang ihr Kind. Das kann niemand jemals ändern. Es gilt auch, wenn ich sie nicht persönlich kennenlernen konnte, denn ohne sie wäre ich nicht da. Ich bin ja ihre fleischgewordene Verbindung, bin aus ihren Körpern, aus ihrer Geschichte hervorgegangen. Die Eltern zu nehmen wie sie sind und sie dabei unwillkürlich innerlich zu verlassen bedeutet vielmehr, dass es nun tatsächlich zu so etwas wie einer Beziehung mit ihnen kommen kann, einem Verhältnis, das von beiden Seiten her freiwillig ist, weil es nicht auf Abhängigkeit beruht.

Nun erst vermag ich überhaupt die Frau und den Mann kennenzulernen, die sich für mich bisher hinter meinem Bild von „Mutter“ und „Vater“ verborgen hatten. Solange ich von ihnen abhängig war, also im Mutterleib, in der Kindheit oder während der langen Jugend, gab es für mich keine Möglichkeit, diese beiden Menschen so zu sehen, wie sie eben sind oder waren, unabhängig von ihrer lebensentscheidenden Rolle als Vater und Mutter. Dies gehört zum Wesen jeder abhängigen Gestalt der Liebe und damit zum Wesen der Symbiose. Abhängige Liebe ist blind und bleibt es auch. Erst wenn sie das Ende der Abhängigkeit und damit das Ende der Symbiose realisiert, wird sie sehend.

Dann ist sie plötzlich erwachsen, genauer: dann realisiert sie, dass sie erwachsen ist.

Es gibt allerdings keine Garantie dafür, dass mir jene Menschen besonders sympathisch sind, welche dann hinter der Zuschreibung „Mutter“ oder „Vater“ erscheinen. Vielleicht ist es besser für mich, Abstand zu meinen Eltern zu halten und die Begegnungen sorgfältig zu dosieren, so wie es mir eben gut tut. Die Dosierung von Nähe und Abstand entscheidet ja immer über die Qualität von Beziehungen, auch der selbst gewählten. Möglicherweise aber tauchen jenseits meines Eltern-Ideals Menschen auf, die mich interessieren und die ich tatsächlich gerne sehe.

Für das eigene Lebensgefühl ist das Nehmen der Eltern bzw. ihr innerliches Verlassen gleichbedeutend mit der inneren Geburt, von der ich im Zusammenhang mit der Selbstliebe gesprochen habe. Es geht dabei um das geistige Zur-Welt-Kommen, es ist buchstäblich eine Entbindung. Dabei geschieht vieles parallel.

1. Ich verlasse den Opferstatus. Ich gehe den Schritt von der Opfer- zur Täterschaft meines Lebens. Von: „Ich kann nichts machen“, „Ich bin ausgeliefert“, „Ich brauche dich oder dieses und jenes“, gehe ich zu: „Ich lasse geschehen“, „Ich fühle“, „Ich bin“. Ich komme von der ohnmächtigen Bedürftigkeit zum frei geäußerten Bedürfnis. Dies führt mich aus der inneren Abhängigkeit von der Umgebung zu einem Vertrauen in die eigene Lebendigkeit, in das eigenen Da-Sein.

2. Das „Nehmen“ bzw. „Verlassen“ der Eltern bringt mich in die eigene Kraft. Indem ich körperlich, emotional und gedanklich wirklich in mich hineinfahren lasse, dass ich nicht mehr auf die Eltern angewiesen bin, betrete ich eine neue Welt. Die

Welt wird neu, wenn wir innerlich bei uns selbst bleiben. „Bei sich selbst bleiben" heißt, den eigenen Schwerpunkt nicht mehr außen zu haben, wie es etwa ein Kind tut, weil es seinen Schwerpunkt bei den Eltern hat, oder ein Jugendlicher mit seinem Schwerpunkt zum Beispiel in seinen Ideen vom Leben, weil er von den Eltern wegkommen muss. Schwerpunkt wird nun der Ort des „Selbst", der Ort, von dem innerlich die Impulse meiner Lebendigkeit ausgehen.

3. Ich lerne, mich selbst zu sehen. „Mich selbst sehen" heißt, den Fokus der Wahrnehmung vom Äußeren weg mehr nach innen zu nehmen. Wenn wir die Eltern genommen bzw. verlassen haben, liegt dieser Ort oder auch Fokus des Daseins weniger in unserer Umgebung, also etwa bei anderen Menschen, dafür deutlich mehr in uns selbst. Je klarer wir bei uns selbst bleiben können, umso müheloser werden wir wirksam, und zwar mit viel größerer Kraft als alle (in sich unvermeidlichen) Weltverbesserungsversuche der Jugend. Außerdem werden wir unregierbar und kriegsuntauglich, da wir uns nicht mehr mit anderen verwechseln. Wir folgen einfach uns selbst und übernehmen die Verantwortung für alles, was dabei von uns ausgeht.

Was bedeutet das alles, und was wird davon berührt? Einige Stichworte in der „Wir"-Form, weil sie etwas Allgemeineres beschreiben: Das „Nehmen der Eltern" bzw. ihr innerliches Verlassen berührt die Möglichkeiten und Begrenzungen dafür, ein präzises Selbstgefühl zu entwickeln, sich selbst wirklich zu spüren. Es berührt unsere aus diesem Selbstgefühl kommende Beziehungsfähigkeit, denn die Beziehungsfähigkeit erwachsener Menschen reicht exakt so weit wie ihr Selbstgefühl. Anders gesagt: Die Beziehungsfähigkeit Erwachsener kommt aus ihrer Selbstliebe. Sie reicht genau so weit wie diese.

Das Nehmen der Eltern bzw. ihr innerliches Verlassen berührt weiterhin die Art und Weise, wie man selbst Vater und Mutter sein kann. Alles, was im Blick auf die eigenen Eltern noch nicht angenommen ist, womit wir da vielleicht noch hadern, stürmt in unseren Kindern auf uns ein. Es wird von ihnen präzise erspürt, uns in ihren Verhaltensweisen und Symptomen vorgeführt und manchmal bis zur völligen Ohnmacht auf's Auge gedrückt.

Als wir selbst noch Kinder waren, taten wir mit unseren Eltern dasselbe: unser unbewusster Liebesdienst an ihnen. Nun tun uns unsere Kinder ihre abhängige Liebe an, so lange, bis sie uns ebenfalls innerlich verlassen und als Erwachsene vielleicht beginnen, den Mann und die Frau kennenzulernen, die wir außer „Vater" und „Mutter" auch noch sind. Das wird spannend, auch für uns, denn erst dann lernen auch wir die Frau oder den Mann kennen, der mein Kind auch noch ist neben seinem Status als „mein Kind". Wo das gelingt, kann es ein großes Vergnügen aneinander werden.

Das Nehmen der Eltern bzw. ihr innerliches Verlassen berührt darüber hinaus das Verhältnis zum eigenen Geschlecht, zur Männlichkeit bzw. zur Weiblichkeit und damit zur Sexualität. Daran hängt zum Beispiel, wie weit man sich erlaubt, eine genussvolle und erfüllende erotische Beziehung zu sich selbst und zum Gegenüber zu erleben, wie weit man also vom „Gewissheit haben müssen" der kindlich-abhängigen Bedürftigkeit zum „Begehren mit ungewissem Ausgang" erwachsener Menschen gehen kann. Das Nehmen der Eltern berührt das Maß, wie weit man sich selbst Erfüllung, Erfolg, Genuss, Zufriedenheit, Wohlstand usw. gestattet, also alles, was man im weitesten Sinne Glück nennen könnte.

Es berührt schließlich die Hintergründe der meisten eigenen Symptombildungen, von bloß „hinderlichen" Gefühls-, Denk- und Verhaltensmustern bis hin zu Krankheit, zu schweren psychischen und körperlichen Leiden. Unsere Symptome beziehen ihre Energie fast immer aus der unbewussten abhängigen Liebe zu den Eltern. Sie fordern uns sozusagen auf, unsere Eltern und deren Geschichte innerlich zu verlassen, indem wir sie „nehmen".

Das Nehmen bzw. Verlassen der Eltern berührt unser Lebensgefühl im Ganzen. Oft verwechseln wir unser aktuelles Verhältnis zum Leben, etwa: „Es ist schwer", „Es ist ungerecht", „Es ist ein immerwährender Kampf" oder: „Du bekommst nichts geschenkt", „Es ist gefährlich" oder: „Ich bin eigentlich nicht für's Leben gemacht", mit dem Lebensverhältnis, welches für uns zu einer bestimmten Zeit unseres damals von den Eltern abhängigen Lebens sinnvoll war. Die Freiheit erwachsener Menschen hat ein völlig anderes Verhältnis zum Leben und zur eigenen Lebendigkeit als die des Ungeborenen, des Kindes oder der Jugendlichen.

Es berührt auch unser Verhältnis zur Welt, also zu den Umständen, die uns umgeben, sei es beruflich, politisch, kulturell usw. Damit berührt es das Verhältnis zur eigenen Wirksamkeit, etwa in der Arbeit oder in der Teilhabe am öffentlichen Leben. Das abhängige Kind erlebt sich gegenüber seinen Eltern (seiner „Welt") oft als unwirksam. Das entspricht exakt seinem existentiell abhängigen Status. Mit diesem Gefühl von Unwirksamkeit hat es Recht. Erwachsene Menschen sind per se wirksam, weil den Tatsachen nach nicht mehr abhängig. Fühlen sie sich ohnmächtig, erleben sie eine Erinnerung an das Kindsein, ein „Echo".

„Ich nehme meine Eltern" fasse ich in drei Sätze:

1. Ich lasse meine Mutter und meinen Vater so, wie sie sind, ohne von ihnen als Eltern etwas anderes zu verlangen.

2. Ich lasse alles, was ich mit ihnen erlebt habe, zu mir gehören, genau so, wie es damals für mich war und ohne mir etwas anderes zu wünschen.

3. Ich lasse mich selbst als das Kind dieser Menschen so, wie ich mich jetzt vorfinde, ohne mich anders haben zu wollen.

Schauen wir, wie weit diese Sätze im Alltag reichen.

1. Ich lasse meine Mutter und meinen Vater so, wie sie sind, ohne von ihnen als Eltern etwas anderes zu verlangen.

Für die meisten Menschen um die zwanzig, häufig noch um die dreißig, vierzig, manchmal sogar noch um die fünfzig, sechzig wäre dieser Satz schlicht der Aufruf zum Verrat, zum Verrat an den eigenen Idealen. Das ist er auch. Ohne diesen „Verrat" an den eigenen Idealen wird niemand innerlich erwachsen.

Um das zu verstehen, erinnere ich daran, wie unsere Ideale entstanden sind, genauer gesagt, wie und wozu wir selber sie gemacht haben[18]. Ein Ideal ist ja eine Idee davon, wie das Leben sein sollte, etwa die Eltern, der Partner, die Partnerin oder die Kinder, wie ich selbst sein sollte, meine Arbeit, mein Land oder mein Urlaub. Ein Ideal ist eine innere Vorstellung davon, wie ich

18. Siehe Kapitel 1: Die Geburt oder die Entstehung des Ideals.

meine Wirklichkeit haben will. Meistens gefällt mir die Vorstellung besser als die Wirklichkeit selbst, also das nackte „was ist“[19]. Unser erstes Ideal bringen wir aus dem Inneren unserer Mutter mit auf die Welt. Es kommt aus der neunmonatigen Erfahrung: Ich bin eins mit einer Umgebung, die mich nährt, hält und wärmt. „Mutter“ bedeutet nach dieser Erfahrung: „Ich bekomme sofort alles, was ich brauche, ich bin vollkommen geborgen und werde geschützt vor allem, was mir schaden könnte.“

Im Moment der Geburt prallt diese Erfahrung auf eine Wirklichkeit, die damit nicht das Geringste zu tun hat: Die Gebärmutter, meine bislang ausreichend geräumige Umgebung, presst sich so zusammen, dass ich unter größtem Stress aus ihr herausgetrieben werde. Draußen ist es kalt und hell, innerlich passiert etwas mit mir, es beginnt zu atmen, ich bringe unwillkürlich Töne hervor. Wenn ich Glück habe, werde ich der Frau, aus deren Innerem ich gerade vertrieben wurde, auf den Bauch und an die Brust gelegt. Nun muss ich arbeiten, ich muss aus ihr heraussaugen, was ich an Nahrung brauche. Es kommt nicht mehr von alleine über die Nabelschnur zu mir. Etwas an dieser „Mutter von außen“ fühlt sich ähnlich an wie das eben verlassene „Mutter von innen“. Ihren Herzschlag kenne ich schon mein ganzes neunmonatiges Leben lang, und doch wirkt sie jetzt so ganz anders. Mutter ist jetzt ein realer Mensch. Sie freut sich über mich, vielleicht auch nicht, sie hat Milch, vielleicht auch nicht, sie nimmt mich an ihr Herz, vielleicht auch nicht, sie hat genügend Kraft für mich, vielleicht auch nicht, sie lebt vergnügt, vielleicht auch nicht.

19. „Idee“ kommt vom griechischen Verb „eidos“ = „sehen“. „Idee“ und „Ideal“ haben die gleiche sprachliche Wurzel.

Die neue Wirklichkeit interressiert sich nicht im Geringsten für meine Erinnerung an die Rundumversorgung im Inneren der Mutter. Die Wirklichkeit nimmt auch keine Rücksicht darauf, dass ich es nicht besser wissen kann. Ich kannte ja nur die Wirklichkeit im Inneren dieser Frau. An diese allumfassende Versorgungswirklichkeit bin ich gewöhnt, nicht nur das: ein Neugeborenes verkörpert die allumfassende Versorgungswirklichkeit. In ihr ist es entstanden und so lange gewachsen, bis es reif für den Rauswurf war.

Die neue Wirklichkeit da draußen an ihrer Brust hat schon jetzt nichts mehr mit deinem ersten Ideal zu tun. Die neue Wirklichkeit ist zunächst vielleicht erschöpft, voller Schmerzen und völlig überwältigt von all dem, was ihr da mit deiner Geburt zustößt. Du, das frischgeborene Kind, fühlst dich möglicherweise ebenfalls überwältigt von all der Helligkeit und den vielen unbekannten Sinneswahrnehmungen da draußen. Das alles ist unvermeidlich, ebenso wie das Folgende: Von nun an wirst du deine Erinnerung an die unmittelbare Rundumversorgung in der Einheit mit deiner Umgebung überall suchen. In diesem Moment entsteht aus der Erinnerung an deine bisherige Erfahrung dein erstes Ideal. Du wirst es verteidigen und der Wirklichkeit entgegenhalten wie dazumal der Hl. Antonius das Kreuz der Versuchung.

Der erste Mensch, dem du dein Ideal unbewusst entgegenhältst, ist die Mutter: „Du must wie bisher all meine Bedürfnisse präzise erahnen und unmittelbar erfüllen!“ Mit ihr als Person hat das nichts zu tun, nur mit der Höhle in ihrem Leib, in die du bis eben noch eingelassen warst und wo es genau so war. Der einzige Ort, der das konnte, war die Mutterhöhle. Dahin jedoch gibt es kein Zurück, denn du bist aus ihr herausgewachsen. Du bist in einer anderen Dimension gelandet, sie verlangt völlig andere Dinge von dir. Keine reale Person kann deinem Ideal standhalten. Was nun?

Ideal und Wirklichkeit verhalten sich zueinander wie Materie und Antimaterie oder wie Voldemort und Harry Potter: „Neither can live while the other survives.“ („Keiner kann leben, während der andere überlebt.“ J.K. Rowling, Harry Potter). Das Ideal gerät sofort mit der Wirklichkeit in Konflikt, wenn sie sich begegnen. Kooperation ist ausgeschlossen, wobei das Ideal kämpft, die Wirklichkeit hingegen nicht. Die Wirklichkeit muss niemals kämpfen. Sie ist einfach da. Sie „wirkt“, von Moment zu Moment, immer neu. Das Ideal hingegen ist ein inneres Bild. Es ist immer schon veraltet: die Mutterhöhle ist Vergangenheit. Sie bleibt es auch, ganz gleich wie sehnsüchtig wir ihr Erinnerungsbild vor uns hinwerfen und erwarten, dass die Wirklichkeit sich diesem Bild entsprechend verhält.

Der Kampf des Ideals gegen die Wirklichkeit bringt drei mögliche Ergebnisse:

1. *Das Ideal geht unter.* Dann wird aus dem Kampf eine Geburt im vollen Sinne. Die Geburt in eine neue Wirklichkeit hinein, einen neuen Lebensraum, eine neue Bewusstseinsstufe.

2. *Das Ideal behauptet sich und lässt die Wirklichkeit verschwinden.* Dann wird aus dem Ideal eine Neurose. Ich kann die Wirklichkeit nicht mehr wahrnehmen, ich reagiere auch nicht auf sie, sondern immer auf mein Bild davon, wie sie sein sollte, auf das Ideal. Ich baue die Wirklichkeit in mein Ideal ein und verstehe sie auch dementsprechend.

3. *Der Kampf bleibt unentschieden.* Dann kann er in die Zerteilung des Ichs münden, auch Psychose genannt. Ein Teil lebt mit dem Ideal, manchmal auch mit mehreren, ein anderer mit der Wirklichkeit. Manchmal auch keiner. Auch dies ist eine Leistung der abhängigen Liebe.

Jedes Ideal hat mit Liebe zu tun, genauer gesagt mit dem magischen Weltbild der abhängigen Liebe. Das erste Ideal lebt von der physisch-abhängigen Liebe des Ungeborenen. Es war auf die Rundumversorgung in der Mutterhöhle tatsächlich angewiesen, um überleben und wachsen zu können. Es tat, wie wir gesehen haben, alles dafür, dass die Mutterhöhle sicher blieb. Nach der Geburt wird die Erinnerung an diese Erfahrung zum Ideal und damit quasi zur Rückseite oder zum Spiegelbild der abhängigen Liebe. Ideal und Sicherheit sind Geschwister. Das Ideal des Säuglings von der allumfassenden Versorgung ist das Spiegelbild seines Überlebenstriebes. Er kann ohne sein Ideal von der allversorgenden Mutter gar nicht sein, denn daran hängt sein Überleben. Niemand kann ein Ideal aufgeben, solange sein Überleben damit verknüpft ist.

Das bedeutet: Die abhängige Liebe produziert Ideale, weil sie sie zum Überleben braucht. Umgekehrt gibt es Ideale nur innerhalb der magischen Weltsicht der abhängigen Liebe. Ideale gehören daher zum Bereich der Symbiose. Besonders wichtig werden sie, wenn man sich aus der Abhängigkeit lösen muss, wie in der Jugend. Ihre Ideale können buchstäblich zum spiegelverkehrten Abbild dessen werden, was wir in der kindlichen Abhängigkeit erlebt haben. Ein einfaches Beispiel: Das Kind von antiautoritären Eltern beginnt als Jugendliche, strenge und disziplinierte Strukturen zu entwickeln und zu lieben. Erst wenn die Abhängigkeit auch innerlich vorbei ist, wird das Ideal überflüssig und löst sich auf. Dann sagt der junge Mensch: „Ich kann es anders machen als meine Eltern, muss aber nicht" – und umgekehrt.

Genau das geschieht, wenn ich aufhöre, mir meine Eltern anders zu wünschen: „Ich lasse meine Mutter und meinen Vater so, wie sie sind, ohne von ihnen als Eltern etwas anderes zu verlangen." Dieser innere Schritt wird möglich, wenn buchstäblich in mich hineinfährt, dass ich frei bin im Sinne von „nicht mehr von ihnen abhängig", weder körperlich, noch emotional noch gedanklich. Ich nehme mein Selbst, so wie es in den verschiedenen Stufen der Abhängigkeit von meinen Eltern geworden ist, nun ganz zu mir. Im Mutterleib war ich noch körperlich ganz bei der Mutter, in der Kindheit war ich emotional bei den Eltern und der Familie, in der Jugend bin ich gedanklich immer noch dort, weil ich mir in Abgrenzung von ihnen meine Individualität erringen muss. Dabei helfe ich mir, indem ich ihnen zum Beispiel vorwerfe, was sie an mir alles falsch gemacht oder mir Schutz und Nähe vorenthalten oder mir an Grenzüberschreitungen und Schmerzen zugefügt haben. Oder indem ich sie in den Himmel hebe und sozusagen heiligspreche.

Wenn mir aufgeht, dass all dies nicht nicht mehr nötig ist, weil ich ja nunmehr erwachsen bin im Sinne von „nicht mehr von ihnen abhängig", bekomme ich möglicherweise sofort Schwierigkeiten mit den nächsten beiden Sätzen: „Ich lasse alles, was ich mit ihnen erlebt habe, zu mir gehören, genau so, wie es damals für mich war und ohne mir etwas anderes zu wünschen." „Ich lasse mich selbst als das Kind dieser Menschen so, wie ich mich jetzt vorfinde, ohne mich anders haben zu wollen."

Wenn ich mich selbst zu mir nehme, so wie ich eben auf meinem Weg geworden bin, dann begegnet mir auch, was ich auf dem Weg mit den Eltern und von ihnen weg genossen und gelitten habe. Es taucht sozusagen als „Echo“ noch einmal auf. Manchmal sehr machtvoll. Die Schmerzen von „Damals“ melden sich. Sie wollen Aufmerksamkeit, wollen gesehen werden. Nun begegnet mir alles, was ich von meinen Eltern an und in mir wiederfinde, sozusagen als unabänderliche Naturtatsache: Nase, Augen, Hände, Ausstrahlung, Wesenszüge, Handlungsmuster, innere Verfassung usw.

„Du bist ja wie dein Vater." Als junger Mann war dies das Schlimmste, was man mir sagen konnte. Als kleiner Junge noch war ich stolz darauf, der Sohn dieses Mannes zu sein. Noch früher, im Mutterleib, hatte ich mich ohne Widerspruch nach den Vorgaben seiner Gene gestaltet, ohne etwas davon zu ahnen. Heute bin ich immer wieder damit beschäftigt, diesen eigentümlich kraftvollen, sonderbar unbekümmerten und lebenszugewandten alten Herrn neu kennenzulernen. Ich freue mich, dass er noch lebt.

2. Ich lasse alles, was ich mit meinen Eltern erlebt oder nicht erlebt habe, zu mir gehören, genau so, wie es damals für mich war und ohne mir etwas anderes zu wünschen.

Dieser Satz ist nur möglich und sinnvoll, wenn mir klar geworden ist, dass meine Geburt gelungen, meine Kindheit lange vorbei und meine Jugend auch vorüber ist. Gleichzeitig sorgt dieser Satz dafür, dass mir dies überhaupt erst gegenwärtig werden kann. Wie alle Sätze, die mit der Wahrheit des gegenwärtigen Moments verbunden sind, erschafft er seine Wirklichkeit selbst.

Tatsache ist: Ich bin im Moment nicht bedroht, sondern relativ sicher. Für das Fühlen der aktuellen Sicherheit wirkt es unterstützend, wenn ich mir meines tatsächlichen Alters bewusst werde, mich in einer wohlwollenden Umgebung aufhalte und vielleicht jemanden bei mir habe, der oder die ein glaubwürdiger Zeuge ist für meine Unbedrohtheit. Jemand, der oder die mir immer wieder mal bestätigt, dass es gut ausgegangen ist, weil ich ja tatsächlich überlebt habe.

Beim Erinnern der vergangen Lebensstufen gibt es ein interessantes Phänomen: Kinder ein und desselben Elternpaares haben unterschiedliche Bilder von denselben gemeinsam erlebten Situationen. Treffen sich drei Geschwister, sind nicht etwa ein Vater und eine Mutter mit im Raum, sondern jeweils drei. Diese Elternpaare müssen nichts miteinander zu tun haben. Jedes Kind hat ein anderes Elternbild und erlebt dadurch andere Eltern als seine Geschwister. Wie kommt das?

Wir verknüpfen die konkreten Erfahrungen mit den Eltern immerfort mit unseren Idealen von „Mutter" und „Vater". Unser Körper ist zum großen Teil die fleischgewordene Verknüpfung von Eltern-Erfahrung mit Eltern-Ideal. Die konkrete Eltern-Erfahrung eines Kindes wird dabei wesentlich dominiert von seinem Platz in der Geschwisterreihe und der damit verbundenen Funktion für die Familie. Die Eltern leben in unserem körperlichen Ausdruck ebenso weiter wie in der Art und Weise, wie wir fühlen und denken.

Genauer gesagt: unsere emotionale Landschaft ist unser inneres Bild der Eltern, denn unsere Emotionen sind im Gegenüber zu ihnen überhaupt erst entstanden. Sie leben weiterhin in unserem rationalen Weltbild. Unser Denken entstand, als wir anfingen uns spürbar von dem zu unterscheiden, was Mutter und Vater in uns sahen, als wir anfingen zu zweifeln, nein zu sagen, und in

Abgrenzung zu ihnen ein eigenes Ich als neues Ideal zu entwickeln. Unser Denken ist für lange Jugendjahre ziemlich genau eine Art Negativ dessen, was wir als Kinder an unserm Platz der Geschwisterreihe erlebt haben. Manchmal bis heute.

Meine These ist: „Die Eltern" gibt es überhaupt nur als inneres Bild und damit als Konzept[20]. Mit den realen Menschen, die uns damals gezeugt haben, die jetzt vielleicht schon alt, weit weg oder gar tot sind, hat dieses Bild nur zufällig etwas zu tun. „Die Eltern" als innere Bilder sind die Summe all unserer am Ideal der Rundumversorgung im Mutterleib gemessenen Erfahrungen. Die Credits gehen an: das körperliche Spüren des Ungeborenen, das Fühlen des Kindes und das Denken der Jugend. Jede Lebensstufe hat im Horizont ihrer Gestalt der abhängigen Liebe und damit im Horizont ihres Bewusstseins dazu beigetragen. Das Bild von unseren Eltern, unser Selbst-Bild und unser Welt-Bild sind manchmal kaum zu unterscheiden. Zusammengehalten werden sie von der Symbiose, wie wir mehrfach sehen konnten.

Die realen Personen hinter dem Bild können wir solange nicht sehen, wie wir das Ideal von ihnen aufrecht erhalten. Uns selbst übrigens auch nicht, denn mit dem Ideal der Eltern ist immer ein ideales Ich verbunden. Eines geht nicht ohne das andere. Die Manufaktur für das ideale Ich wie für das Eltern-Ideal heißt Ego. Der weitaus größte Teil unseres Bildes von den Eltern beschreibt

20. „Die Geschwister" übrigens ebenfalls. Ihre Beziehung gestaltet sich vor allem über die jeweiligen Aufgaben, die ihre abhängige Liebe unbewusst für die Umgebung „Familie" übernimmt. Das Geschwisterverhältnis zueinander ist immer über ihr Verhältnis zu den Eltern vermittelt. Das gilt auch, wenn die Eltern fortgezogen, tot oder anderweitig abwesend sind. Erst, wenn Geschwister das Ende ihrer Abhängigkeit wahrnehmen, lernen sie sich als die Menschen kennen, die sie neben „Bruder" und „Schwester" auch noch sind.

nichts Persönliches, obwohl wir es aus völlig subjektiven Erfahrungen hergestellt haben. Das Bild von „Eltern" besteht im Wesentlichen aus kollektiven Zuschreibungen. Das Material, welches die Struktur dieser kollektiven Zuschreibungen ausfüllt, stammt jeweils aus der subjektiven persönlichen Erfahrung. Die Struktur selbst jedoch teilen wir mit allen Westeuropäern, Nordamerikanern und sonstigen Mitgliedern offener Gesellschaften. Geschlossene, statische Gesellschaften haben ein strukturell anderes Elternbild, Naturvölker ein wiederum anderes. Eines scheint überall auf dieser Welt gleich zu sein: Ein Kind hat nie eine Wahl in dem, wie es sich seinen Eltern und sich selbst gegenüber verhalten kann. Es glaubt aber unbewusst, es hätte eine. So kann es seine tatsächliche Ohnmacht bannen, sich in abhängiger Liebe für die Stabilisierung seiner Umgebung (etwa der Eltern) mühen und dadurch sicherer aufwachsen. Aus dieser Dynamik entsteht sein magisches Weltbild.

Das bedeutet: unser Elternbild ist bis zum Ende der Pubertät von magischen kindlichen Annahmen bestimmt. Für indigene, völlig in die Natur eingelassene Gesellschaften gilt dies uneingeschränkt über die ganze menschliche Lebensspanne. Für geschlossene, statische Gesellschaften ebenfalls, wenn auch in abgeschwächter Form. Uns, im Zeitalter nach der Aufklärung, bleibt nichts anderes übrig, als das Magische und damit Unwirkliche in unseren kindlichen und jugendlichen Wünschen zu erkennen. Im Unterschied zu abhängigen Ungeborenen, Kindern oder Jugendlichen haben erwachsene Menschen immer eine Wahl, wie sie sich ihren Eltern und sich selbst gegenüber verhalten können. Sie glauben aber unbewusst, sie hätten keine.

Diesen Glauben habe ich als Neurose beschrieben. „Neurose" ist sozusagen die fortgeschrittene Variante des magischen Weltbildes der Kindheit. Hergestellt wird sie, wie wir gesehen haben, mit den Mitteln der Jugend. Die Kindheit selbst kennt keine Neurose. Die Kindheit kennt nur präzise und unausweichliche Anpassungsleistungen. Selbst wenn diese von außen wie neurotische Symptombildungen aussehen, es sind keine Neurosen. Kinder haben die Neurose noch nicht zur Verfügung.

Für Kinder sind ihre Symptome die notwendigen Anpassungsleistungen an ihr echtes, tatsächlich von den Eltern abhängiges Leben. Kindliche und frühpubertäre Symptombildungen sind Werke der kindlich-abhängigen Liebe. Sie sind immer angemessen und aus der Sicht der betroffenen Kinder bzw. Jugendlichen alternativlos. Es verstärkt daher oft ihre Not oder führt zu Symptomverschiebungen, wenn man therapeutisch an den Kindern bzw. Jugendlichen arbeitet. Mir scheint es aussichtsreicher, sie in ihrer Anpassungsleistung zu würdigen und bei den Menschen anzusetzen, auf die sich ihre Symptome beziehen: bei den Eltern bzw. ihrer Familie. Entlastung finden Kinder und Jugendliche dann, wenn die zugehörigen Erwachsenen beginnen, auf sich selbst zu schauen.

Die Neurose als innerer Entwicklungsraum wird erst nach der Kindheit notwendig. Zu ihrer Herstellung braucht man ein Werkzeug, das mächtig genug ist, um einen von der gegenwärtigen Wirklichkeit zu trennen. Dieses Werkzeug ist das Denken. Mit seiner Hilfe behütet die Neurose das abhängige Kind, welches man einmal war. Neurose versteht alles. Es mag in unserer wissenschaftsgläubigen Zeit seltsam klingen, aber: Mit Hilfe des Verstehens und des Verstehen-Wollens baut die Neurose das denkbar haltbarste Bollwerk gegen die momentan relevanten Tatsachen des Lebens, gegen das „Jetzt". Das Verstehen als solches ist die Lebensversicherung der Neurose.

In diesem Sinne sind fast alle körperlich erwachsenen Menschen bestimmten Teilen ihrer Lebensrealität gegenüber „neurotisch". Fast alle Jugendlichen müssen viel Energie in die Herstellung ihrer Neurosen investieren, um ihr Eltern-Ideal, ihr Ich-Ideal und ihr Welt-Ideal fortan ihrer konkreten Lebensrealität entgegenhalten zu können. So schützen sie ihr subjektiv als bedroht erlebtes inneres Kind und errichten darüber ein autonomes Ich. Das autonome Ich ist daher von dem Phänomen „Neurose" nicht zu unterscheiden[21].

Wichtig finde ich dabei: „Neurose" ist eigentlich keine Krankheit, sondern eine unausweichliche Entwicklungsaufgabe, ein innerer Entwicklungsraum. Ohne „Neurose" könnten wir uns nicht von der Herkunftsfamilie lösen. Ohne sie gelingt es kaum, die Kindheit und damit die Eltern zu verabschieden und wirklich sein zu lassen. Ohne sie erscheint es fast unmöglich, zu realisieren, dass man „draußen" und wirklich „da" ist. Die Neurose dient aus meiner Sicht dazu, den äußeren Geburtsprozess abzuschließen, indem sie die innere Geburt eines erwachsenen Menschen unausweichlich macht.

Die „Neurose" von Erwachsenen wird angetrieben von den Überlebensimpulsen der vorvergangenen Lebensstufe, also von der abhängigen Liebe im Fühlen des Kindes, und hergestellt in der vergangenen Lebensstufe, also von der abhängigen Liebe im Denken der Jugend. Ich sage damit nichts gegen das Denken im Sinne nachträglicher Reflexion, etwa in Form des Nach-Denkens. Das kann wunderbar produktiv sein, wenn man es denken lässt. Ich zeige jedoch, dass das Denken im Sinne von: „Ich begegne meiner Lebensrealität mit Hilfe meiner Gedanken, also mittels

21. *Siehe S. 146: Es darf nicht wahr sein: Gewissen und Neurose.*

meiner rationalen Modelle, Konzepte und Ideale“ mit sehr hoher Wahrscheinlichkeit zur Werkstatt von „Neurose“ wird. Denken angesichts des tatsächlich Vorhandenen hat die Tendenz zum Betrug: es lässt mich nur meine unbewussten Konzepte und Ideale erleben, und zwar anstelle der unmittelbaren Lebensrealität. Daher ist Denken das Lieblingsversteck aller Probleme.

Vieles von dem, was wir als Kinder mit unseren Eltern erlebt haben, bereitet uns beim nunmehr erwachsenen Umgang mit ihnen keinerlei Schwierigkeiten: Nahrung, Zuwendung, Aufmerksamkeit, Schutz, einfach alles was uns ermöglicht hat, überhaupt physisch erwachsen zu werden. Fakt ist: Als Kind hatten wir einen Platz, an dem wir überleben konnten. Das ist das Wichtigste. Ohne diesen Platz wäre jetzt niemand da, der dies hier lesen könnte. Erwachsenen Menschen, die mit ihrer Kindheit hadern, ist das häufig noch gar nicht aufgefallen. Mir ging es ebenso. Als man mir bewusst machen wollte, dass ich ja überlebt und also genug und vor allem das Richtige von meinen Eltern gehabt hätte, begann ich zu protestieren: „Ja, aber mir fehlte dies, mich quälte das …!“

Ich sehe heute: die Art und Weise, wie ein Kind seinen Platz damals in der Kindheit *empfunden* hat, ist etwas ganz Anderes als die Tatsache, dass es seinen damaligen Platz ja überlebt hat. Das subjektive Erleben des Kindes von *damals* hat sein eigenes Recht. Das bedeutet: ein Kind liegt niemals falsch mit dem, was es empfindet oder wie es seine Situation erlebt. Es kann sein Dasein zeitweise oder dauernd als unsicher, belastend, nervig, einschränkend, bedrohlich, verletzend, quälend oder gar lähmend empfinden. Daran gibt es nichts zu bewerten. Es lässt sich auch nichts nachträglich ändern, etwa schöner machen, heilen oder was immer. Die Kindheit war, wie sie eben war. Punkt. Mehr noch: ein Kind *ist* sein Empfinden, es ist sein Erleben. Es hat keine Distanz zu seinen Wahrnehmungen. Die Distanz zum eigenen Erleben beginnt sich erst im Vorfeld der Pubertät zu etablieren.

Es stimmt also beides: Was du bekommen hast, war nährend und sicher genug, denn du bist ja noch da. Und: was du an Bedrohung und Schrecken erlebt hast, hast du genau so erlebt, und also war es ebenso wirklich und für dich als Kind eben bedrohlich und schrecklich. Wenn ich als erwachsener Mensch nun beginne, alles, was ich als Kind mit meinen Eltern erlebt habe, zu mir gehören zu lassen, so wie es damals ganz subjektiv für mich war, *ohne mir etwas anderes zu wünschen,* komme ich unweigerlich in Kontakt mit der damaligen Ohnmacht des Kindes. Sie kann mich als „Echo" aus dem „Damals" geradezu überfallen.

Als Kind konnte ich weder etwas dagegen unternehmen noch etwas anderes wirklich wollen. Als Kind war ich bereit, alles dafür zu tun und alles mit mir geschehen zu lassen, was aus meiner Sicht nötig war, um weiter zu jenen Menschen gehören zu dürfen, die ich als meine Eltern vorgefunden hatte. Nichts konnte meine unbewusste Liebe zu ihnen auslöschen, denn an dieser Liebe hing mein Überleben, in dieser Liebe fand mein Überlebenstrieb die für ein Kind angemessene Gestalt. Genauer: ich war diese Liebe, ich war ihr Ausdruck und ihr Vollzug.

Im Rückblick kann man sagen: Eltern sind aus Sicht ihrer Kinder sowohl die Quelle von Nahrung und Sicherheit als auch die Quelle von Ohnmacht und Schmerz. Diese Mischung ist unvermeidlich und nicht persönlich gemeint. Sie kommt aus der tatsächlichen Abhängigkeit des Kindes und aus den darin entstehenden Gestalten der abhängigen Liebe. Das bedeutet: Heute lebende Erwachsene, die sich in der Erinnerung an ihr Kindsein nicht ausreichend geliebt fühlen, gibt es viele. Das Kind in ihnen, das sich *damals* nicht ausreichend geliebt fühlte, hatte damit Recht. Heute lebende Erwachsene, die als Kind tatsächlich nicht ausreichend geliebt wurden, gibt es nicht. Sie wären unweigerlich gestorben.

3. Ich lasse mich selbst als das Kind meiner Eltern so, wie ich mich jetzt vorfinde, ohne mich anders haben zu wollen.

Im dritten und letzten Satz geht es um die Art und Weise, wie ich täglich auf mich selbst reagiere oder mit mir umgehe. Wenn ich mich heute sehe, begegne ich einer lebendigen Resonanz zwischen Beidem: zwischen abhängiger Liebe und Selbstliebe, Symbiose und Freiheit, Überlebenmüssen und selbstverständlichem Dasein, Enge und Weite, Anspannung und Entspannung. Ich bin eine Schwingung, ein Wechsel von Ruhe und Aktion, von Gehen und Bleiben, von Stillstand und Wachstum, von Aufbruch und Sicherheit, wie jedes lebende Wesen. Schön, nicht wahr? Nun, im Wesentlichen bin ich das als ein Kind meiner Mutter und meines Vaters.

Diese beiden Leute hatten sich als Eltern zur Zeugung und Aufzucht des heutigen Mannes Thomas zur Verfügung gestellt, ohne zu ahnen, worauf sie sich einließen. Auf gleiche Weise stellten sie sich noch für weitere Menschen zur Verfügung, meine Geschwister. Auch sie wurden unausweichliche Subjekte der abhängigen Liebe meinerseits, so wie ich dies ihrerseits und natürlich auch seitens der abhängigen Liebe meiner Eltern wurde. All das finde ich vor, wenn ich mir selbst begegne. Wohin soll ich zuerst schauen?

Nach meinem Eindruck kommt es nicht so sehr darauf an, wohin ich schaue, sondern von wo aus ich schaue. Es geht um den inneren Ort meines Erlebens, verbunden mit dem Alter und allen dazugehörigen Erinnerungen, Fähigkeiten, aktiven Mustern usw. Es geht darum, aus welchem Bewusstsein heraus ich mich selbst erlebe. Erlebe ich „mich selbst" von jetzt aus, von der unmittelbaren Gegenwart her, ist alles gut. Dann gibt es an mir und meinem Leben nichts zu meckern oder zu beschönigen, zu reklamieren, zu ignorieren, zu verbessern oder in den Himmel zu heben. Dann bin ich einfach da, beiläufig und selbstverständlich. Dann spüre ich sozusagen in all meinen Zellen, dass ich gar kein anderer sein kann, weil kein anderer Thomas da ist. Dass ich auch kein anderer sein muss, denn sonst wäre ja wohl der reale Thomas verschwunden. Dass ich sozusagen unausweichlich bin, für mich selbst wie für meine Umgebung. Dann gibt es vielleicht manchmal Schmerzen oder Unbehagen, aber kein dauerhaftes Leiden.

Das Erleben vom gegenwärtigen Moment aus, vom Jetzt her, hat zwei unmittelbare Wirkungen:

1. Ich lasse ich mich sein.
Ich bin einig mit mir, ohne etwas dafür oder dagegen zu tun. Ich nehme mich selbst nicht mehr persönlich, lasse etwa meine Nase so groß wie sie ist, ohne sie besonders schön oder besonders hässlich zu finden. Sie muss nichts weiter sein als meine Nase. Ich lasse meine Muster so sein, wie ich sie aus meiner Geschichte mit Eltern (und Geschwistern) an mir wiedererkenne. Dazu auch das, was jetzt gerade aus mir heraus auftaucht. Ohne irgend etwas besonderes dabei zu finden, weder Verachtung oder Mitleid, noch Begeisterung oder Verehrung.

Die meisten Gefühle, die man täglich so fühlt, sind nichts anderes als „Echos" aus der Vergangenheit, auch Schmerz, Angst, Wut und Trauer. In der Aufstellungsarbeit nennen wir sie „sekundäre Gefühle", im Gegensatz zu den primären Gefühlen, die man aus dem gegenwärtigen Moment heraus fühlt[22]. Die Gegenwart bzw. das Erleben aus der Gegenwart heraus braucht nicht viel Gefühl im Sinne großer Aufwallung oder inneren Dramas.

Das „Jetzt" erzeugt vor allem so etwas wie heiteres Mitgefühl. Mit sich selbst, und dadurch auch mit der Umgebung. Und Dankbarkeit ohne konkreten Grund. Dann ist die Selbstliebe spürbar, aktiv ist sie sowieso, ob man es mitbekommt oder nicht. Viele suchen nach ihr unter der Überschrift „Gelassenheit" oder „innerer Frieden", vielleicht sogar „Erleuchtung". Man kann sein Selbst, seine innere Lebendigkeit nicht „suchen und finden". Es genügt, mitzubekommen, dass sie sowieso da ist, und zwar immer schon – im gegenwärtigen Moment.

2. Ich lasse ich mich sein im Sinne von „Lass es sein, let it be".
Ich höre auf, an mir zu arbeiten. Es gibt nichts zu verbessern, ich bin sozusagen unverbesserlich. Damit meine ich weder Resignation noch kindlichen oder jugendlichen Trotz: „Ich bin eben so, und wer mich nicht mag, der kann mich mal." Dieser Trotz war nötig und effektiv, um damalige Ohnmachtsgefühle zu bannen. Ich bin aber nicht mehr ohnmächtig.

22. Auch die von Eltern oder anderen Familienmitgliedern in abhängiger Liebe „übernommenen Gefühle" sind „Echos" und damit „sekundäre Gefühle". Sie haben ihren Anlass in der Vergangenheit. Sekundäre Gefühle erkennt man daran, dass sie deutlich länger andauern als ihr momentaner Auslöser. Sie erzeugen mehr inneres Drama als vom äußeren Umstand her nötig wäre.

„Ich lasse mich sein", bedeutet: ich entlasse mich aus allen Optimierungs- und Therapie-Programmen, seien es Diäten, gute Vorsätze, erzieherische Partnerschaften, Lebenspläne und sonstige Quälereien. Alles, wo ich mich nicht sein lassen kann, wird früher oder später zur Quälerei. Es wiederholt und inszeniert immer aufs Neue die alten Schmerzen und Wonnen der abhängigen Liebe aus der Zeit des Ungeborenen, der Kindheit oder der Jugend, wiederholt die Symbiose. „Ich lasse mich sein", heißt daher: ich muss nicht mehr in Anpassung oder im Protest gegen diese Anpassung überleben. Ich lebe aus mir selbst heraus. Genauer: ich überlasse mich dem, was aus mir selbst heraus leben will. Was das ist, weiß ich vorher nicht. Das kann durchaus Überraschungen ergeben, gleichzeitig ist es immer lebendig und unausweichlich. Und es ist meinem Zugriff ebenso entzogen wie andere Tatsachen der Natur, etwa ein Erdbeben oder ein Sonnenaufgang. Erlebe ich mich von der Gegenwart her, von jetzt aus, finde ich in meinem So-Sein kein Problem.

Sobald ich „mich selbst als eine Naturtatsache" innerlich jedoch von einem anderen Ort als der Gegenwart aus erlebe, wird es bedrohlich. Oft sogar subjektiv lebensgefährlich. Ich brauche dazu nicht viel, nur eine innere oder äußere Situation, die sich wie eine Bedrohungslage von früher anfühlt, einen sogenannten *Trigger. Trigger* gibt es massenhaft, der beste Selbstbedienungsladen dafür sind unsere nahen Beziehungen, etwa Partnerschaften, Kinder oder noch immer die eigenen Eltern. Schauen wir uns das genauer an. Wir gehen der Reihe nach vor und beginnen mit einem Ort des inneren Erlebens, der uns naturgemäß am nächsten ist: der Jugend.

„Mich selbst als eine Naturtatsache" gibt aus der Perspektive der Jugend nicht. Im inneren Erleben des Jugendlichen findet man keinen Kontakt zu seiner heutigen tatsächlichen Gegenwart, sondern nur zu seiner damaligen, längst vergangen. Wenn ich mich aus der Perspektive des jugendlichen Thomas erlebe, gibt es mich, außer als Genussmensch, vor allem als ein zornig-trauriges Etwas, an sich selbst und der eigenen Unvollkommenheit leidend, versehen mit einer harten Entwicklungs- und Selbstverwirklichungs-Aufgabe. Es gibt mich im Grunde nur als ein Konzept, als ein Ideal. „So und so will ich sein, aber dummerweise finde ich mich so und so vor – da muss doch was zu machen sein!"

Mit sich selbst als Entwicklungsaufgabe, als Lebensprojekt und Realisierungsmaßnahme kann man sich über viele Jahrzehnte sehr gut beschäftigen. Man arbeitet an sich, man wird durchaus besser. Man entwickelt Fähigkeiten, die man vorher nicht hatte. Man gibt der Neurose Zucker, indem man sie immer weiter bekämpft, indem man die Muster, in denen sie sich zeigt, zu überwinden versucht. Man identifiziert die inneren Schweinehunde, verjagt sie, schläfert sie ein oder bringt sie um. „Ein Ring, sie zu knechten, sie alle zu finden, ins Dunkel zu treiben und ewig zu binden …" (J.R. Tolkien, Der Herr der Ringe).

Die menschliche Sehnsucht nach Vollkommenheit findet im Ideal vom makellosen Ich sozusagen den zeitgemäßen – und dabei immer latent faschistischen – Ausdruck. Im kollektiven Bereich kann sie in Extremismus münden, wie weiter oben gezeigt. Unbewusst vollzieht sich dabei die kindlich-abhängige Liebe in ihrer Negation bzw. Perversion. Sie kämpft um die Reinheit des „wieder unschuldig Werdens", indem sie mit allen Mitteln das Ideal des „autonomen Ich" erreichen möchte.

Dieser Kampf ist aussichtslos, denn er ist der innere Antrieb einer jeden Neurose. Er erlebt sich selbst als Überlebenskampf, als großangelegte und möglichst totale Schutzaktion für das als verletzt und ohnmächtig erlebte innere Kind. Der Effekt ist immer derselbe: Müdigkeit. Nichts sonst. Der Kampf für Illusionen führt in Vergeblichkeit und Erschöpfung, und andere Kämpfe gibt es möglicherweise gar nicht.

Ein zeitlich etwas weiter entfernter Ort, von dem aus man sein heutiges Dasein erleben kann, ist die Kindheit. Wenn der Mann/die Frau von heute sich in einer Situation wiederfindet, die für den Jungen/das Mädchen von damals als das Kind seiner Eltern bedrohlich war, wenn mir also ein „Trigger" begegnet, dann versuchen äußerlich erwachsene Menschen plötzlich, sich mit den kindlichen Mitteln von damals zu retten. Ihre „Muster" werden aktiv, in meinem Fall: der kleine Thomas von damals reißt das Steuer an sich.

Der erwachsene Thomas von heute hat nun zwei Möglichkeiten: Entweder er verschwindet in dem panischen kleinen Kerl und agiert die damals erfolgreichen Rettungsmuster aus. Er verliert die Gegenwart und landet in seiner kindlichen Vergangenheit wie in einer endlosen Wiederholungsschleife. Er tut das alles, um die Schmerzen von damals zu vermeiden, sie nicht spüren zu müssen. Die andere Möglichkeit: Er besinnt sich seiner selbst und bleibt im Gespür für sich und seine aktuelle Gegenwart. Er nimmt einfach wahr, was passiert, ohne dem kindlichen Rettungsgebot zu folgen. Das tut manchmal sehr weh, das innere Kind schreit. Aber diese Schmerzen sind ein Echo, das „Echo" von damals. Man muss sich das klarmachen, um sich innerlich nicht zu verhaken.

Die Schmerzen von „Damals" kommen nicht wieder, wenn sie einmal wirklich da sein und aus der Distanz zu damals gefühlt und gesehen werden durften. Dann erlebt der erwachsene Mensch das Kind in sich, und das Kind in ihm erlebt den Erwachsenen. Möglicherweise ist dies der erste Erwachsene, der gar nichts weiter von dem Kind will. Er schaut es einfach nur an. Er nimmt es wahr, lässt es gewähren und gibt ihm Recht, ohne ihm zu folgen. Noch einmal: ohne ihm zu folgen oder sonst etwas für es tun zu wollen.

Für das innere Kind ist das eine oft jahrzehntelang ersehnte Wohltat: Gesehen werden, gewürdigt und anerkannt werden, endlich. Damit beginnt das Kind von damals, sich bei dem Erwachsenen von heute sicher zu fühlen. Es beendet seinen Überlebenskampf und entspannt sich. Der Erwachsene von heute kann in der Gegenwart bleiben, er legt den Trigger zurück ins Regal. Das kindliche Muster von damals war diesmal gar nicht nötig, ganz von allein, ohne Arbeit an sich selbst.

Der trickreichste und am schwierigsten zu bemerkende innere Ort, von dem aus man sein Dasein erleben kann, ist der ungeborene Mensch, also die Zeit von der Zeugung bis zum Abschluss der Geburt. Manchmal kommt es vor, dass Menschen nicht wirklich realisieren konnten, dass ihre eigenen Geburt stattgefunden hat und gut ausgegangen ist, etwa wenn die Geburt nicht ungefährlich war oder jemand dabei große Angst hatte. Sie bleiben dann mit ihrer Körper-Erinnerung im Leib ihrer Mutter.

Es kann auch sein, dass sie schon dort große Anpassungsleistungen vollbringen mussten, um überhaupt bis zur Geburt reifen zu können. Jedesmal, wenn im heutigen Leben ihr Körpergedächtnis an die Zeit im Mutterleib und an ihre Geburt erinnert wird, übernimmt das ungeborene oder gerade mit der

Geburt beschäftigte Kind das Steuer und reagiert so, wie es damals sinnvoll und lebensrettend war. Auch dieses Kind kann sich entspannen, wenn es vom „Jetzt“ aus in seinem „Damals“ gesehen, gefühlt, gespürt und gewürdigt wird.

Keines meiner damals lebensrettenden und heute vielleicht lebensverhindernden Muster kann ich abschalten, denn sie alle sind mit meiner abhängigen Liebe von damals verbunden. Aber ich kann sie von heute aus sehen, sie bezeugen, das Echo von damals wirklich fühlen, ihrer Leistung Recht geben und sie dann so lassen. In den drei Sätzen zum „Nehmen und Verlassen der Eltern“ beschreibe ich die Wirkung dieser inneren Vorgänge und damit die Wirkung einer klaren inneren Unterscheidung zwischen „Jetzt“ und „Damals“.

Hier sind sie noch einmal:

„Ich lasse mich selbst als das Kind dieser Menschen so, wie ich mich jetzt vorfinde, ohne mich anders haben zu wollen."
Ich nehme mich selbst nicht mehr persönlich, ohne jedoch von mir wegzugehen. In diesem Moment beginnt die innere Geburt, das Zu-sich-kommen. Die Selbst- oder geistige Liebe wird zur bestimmenden Kraft in meinem Dasein.

„Ich lasse alles, was ich mit ihnen erlebt habe, zu mir gehören, genau so, wie es damals für mich war und ohne mir etwas anderes zu wünschen."
Ich nehme auch meine Kindheit nicht mehr als etwas Persönliches im Sinne von etwas, das meine Eltern mir angetan oder nicht angetan hätten.

„Ich lasse meine Mutter und meinen Vater so, wie sie sind, ohne von ihnen als Eltern etwas anderes zu verlangen."
Ich höre damit auf, meine Eltern in ihrem So-Sein persönlich zu nehmen. Das heißt, ich nehme das Leben selbst nicht mehr persönlich. Ich lebe es einfach, wie es zu mir kommt, ob nun aus mir selbst heraus oder von außen. Ich lasse mich leben von dem „Ich bin", ohne zu wissen, wohin das führt. Spannender geht es kaum.

Neulich fragte mich jemand, wie es mir gehe.
„Etwas älter, etwas runder, etwas heiterer", war meine Antwort.

Schlussbetrachtung

Ich schaue auf Wunder, wenn ich bei der Arbeit und im persönlichen Alltag Zeuge dessen werde, welche Kräfte die Liebe entfaltet, was sie alles auf sich nimmt und welche Ressourcen sie zu jeder Zeit bereithält. Aus der Liebe heraus geschieht uns das Leben, und zwar in der Gegenwart. Sie ist das Sicherste, was wir haben. Das „Jetzt" ist überhaupt das Einzige, das es wirklich gibt. Es öffnet sich in der Selbstliebe. Alles andere kommt aus den „Echos" der abhängigen Liebe von „Damals", aus den unvermeidlichen Verwechslungen der Symbiose.

Was bedeutet dies nun für meine zu Beginn angedeutete Skizze einer „Psychologie der Gegenwärtigkeit"? Ich habe im ganzen Buch nichts anderes betrieben. Aus meiner Sicht zeichnet sich Folgendes ab:

1. Eine Psychologie der Gegenwärtigkeit scheint mir am ehesten möglich zu sein als eine Erkundung der Liebe. Sie verfolgt die innere Balance ihrer beiden Pole „abhängige Liebe" und „Selbstliebe" durch alle Lebensstufen. Sie entfaltet sich an der Unterscheidung von „Jetzt" und „Damals". Sie orientiert sich dazu am einzig Realen, das wir haben: am „Jetzt". Von daher geht sie immer phänomenologisch vor: Sie folgt dem, was gegenwärtig erscheint. Sie lässt sich auf diese Wahrheit des „Jetzt" ein, sie lässt sich von ihr treffen und äußert sie, ohne sich mit weiteren gedanklichen Konzepten vor ihr zu schützen. Damit gehört sie zu den Erscheinungen der Selbstliebe, jen-

seits aller Formen von Symbiose. Vom „Jetzt“ her erkennt sie die heutigen Erscheinungen der abhängigen Liebe als „Echos“ ihrer Leistungen in der Vergangenheit. Sie erkennt darin eine gegenwärtige Symbiose mit dem „Damals“.

2. Eine Psychologie der Gegenwärtigkeit unterlässt es folglich, menschliches Verhalten in richtig oder falsch, gut oder böse, gesund oder krank einzuteilen. Sie sieht stattdessen, wie Menschen ohne Ausnahme alles aus Liebe tun, ja dass ihre eigene Tätigkeit ebenfalls eine Gestaltung der unbewussten Liebe ist. Sie erkennt die Sehnsucht nach Beurteilungen als ein Bedürfnis der abhängigen Liebe und damit als Teil der „Echos“, also als Teil der Symbiose mit dem „Damals“. Sie beginnt daher, „das Unbewusste“ und „die Symbiose“ als gleichbedeutend anzusehen. Damit achtet sie beide als Notwendigkeit der Liebe, sowohl der abhängigen Liebe als auch ihres Gegenpols, der Selbstliebe.

3. Eine Psychologie der Gegenwärtigkeit folgt nicht mehr der Versuchung, Menschen in Konflikten, Symptomen oder Krisen direkt wieder zum Funktionieren bringen zu wollen. Sie erkennt, dass sie damit „den Geistern der Vergangenheit“ dienen würde, dem „Damals“, als das Funktionieren überlebensnotwendig war. Stattdessen schaut sie auf die menschliche Lebendigkeit, auf das „Selbst“. Sie schaut darauf, wie die menschliche Lebendigkeit sich in inneres wie äußeres Leiden einkleidet und durch das Leiden hindurch ins „Jetzt“ drängt. Ihre Vertreterinnen und Vertreter öffnen sich für diese Bewegung des Lebens und unterstützen die Betroffenen darin, sie zu erkennen und ihr zu folgen. Sie lassen ab von der Alternative „Problem- oder Lösungsorientierung“ und orientieren sich daran, was sich jetzt aus dem Moment heraus entfalten möchte.

4. Eine Psychologie der Gegenwärtigkeit bereitet ihre Vertreterinnen und Vertreter darauf vor, bei der Arbeit im „Jetzt" ihrem eigenen „Selbst" zu begegnen, also ihrer inneren Lebendigkeit. Die innere Lebendigkeit führt sie ihrerseits immer ins „Jetzt". Damit öffnen und halten sie mit ihren Klientinnen und Klienten einen inneren Raum, indem sich zeigen und vollziehen kann, was sich gerade zeigen und vollziehen will. Ihre therapeutische, beraterische oder seelsorgerische Tätigkeit geschieht im Vollzug dieser offenen und bedingungslosen Zuwendung und im Dienste der inneren Lebendigkeit ihrer Klienten. Das Unterstützende dabei kommt aus der Selbstliebe, die sich nicht auf persönliche Reaktionen hin ausrichtet.

5. Eine Psychologie der Gegenwärtigkeit ergibt sich dem, was gerade geschieht. Sie gibt sich dem Moment hin. Dabei erreicht sie unwillkürlich jenen unbenennbaren inneren Ort, aus dem das Leben selbst kommt. Er ist auch der Ort der Seele als der „Innenseite des Lebens" bzw. der „logischen Negativität" unseres Menschseins. Mystische Traditionen nutzen hierfür den Begriff der *unio mystica.* Sie verweisen damit auf den Ort, wo alle Gegensätze sich ineinander auflösen. Dort verliert man seine Identität, also die Sammlung all dessen, was man im Bereich der abhängigen Liebe gelernt hat, um zu überleben, und womit man sich noch immer verwechselt. Man verliert die Identifizierung mit den „Echos" der abhängigen Liebe. Im Gegenzug gewinnt man die Gegenwart, also seine Lebendigkeit, und darin die Freiheit innerlich erwachsener Menschen. Hier zeigt sich der therapeutische Horizont einer Psychologie der Gegenwärtigkeit.

6. Eine Psychologie der Gegenwärtigkeit bildet sich daher in der Begegnung von Spiritualität und Psychologie am Ort der

Seele oder der inneren Lebendigkeit. Dort trifft Psychologie als Lehre von den inneren Lebensbewegungen auf Spiritualität als Praxis des gegenwärtigen Moments. Die „Psychologie der Gegenwärtigkeit" entsteht in diesem Zusammentreffen. Sie profitiert ebenso von den Erkenntnissen und Möglichkeiten aus gut hundert Jahren Psychotherapie wie von der vieltausendjährigen Praxis menschlicher Spiritualität. Ihre Begegnung reicht im Grunde noch tiefer: Eine Psychologie, die dem Leben im „Jetzt" folgen will, kommt ohne die Spiritualität des gegenwärtigen Moments nicht aus, ja sie wird zu einer solchen. Und umgekehrt: Eine Spiritualität, die sich dem „Jetzt" völlig überlässt, wird unweigerlich zu einer Psychologie der gegenwärtigen Lebendigkeit.

Gemeinsam folgen sie dem Geheimnis, wie wir lieben.

Thomas Geßner

Dipl.-Theologe mit 20-jähriger Praxis in der Seelsorge und Lehrtherapeut (DGfS) für Systemaufstellungen. Seit 2011 arbeitet er freiberuflich als Dozent für Aufstellungsarbeit und als Berater in Berlin, Halle (Saale) sowie vor allem in Ostdeutschland. Mit Wilfried Nelles zusammen hat er das Buch „Die Sehnsucht des Lebens nach sich selbst" verfasst. In seiner innovativen, gegenwartsbezogenen Auffassung von Beratung und Therapie verbindet er die Aufstellungsarbeit mit seinen spirituellen Wurzeln in der Seelsorge. Er ist in dritter Ehe verheiratet und hat zwei erwachsene Kinder.

www.gessner-aufstellungen.de

Literatur zum Thema

Geßner, Thomas (2017). Trauma, Illusion und Spiritualität. In Peter Bourqin, Kirsten Nazarkiewicz (Hrsg): Trauma und Begegnung. Praxis der Systemaufstellung, Jahrbuch der DGfS. Göttingen: Vandenhoeck & Rupprecht.

Giegerich, Wolfgang (1992). Tötungen. Gewalt aus der Seele. In P.M. Pflüger (Hrsg.), Gewalt – warum? Der Mensch: Zerstörer und Gestalter (S. 184-234). Olten und Freiburg i.Br.: Walter.

Giegerich, Wolfgang (2010). The Soul Always Thinks. The Collected English Papers of Wolfgang Giegerich. Bd. IV. New Orleans: Spring Journal.

Giegerich, Wolfgang (2013). Neurosis. The Logic of a Metaphysical Illness. New Orleans: Spring Journal.

Hellinger, Bert (1995). Ordnungen der Liebe. Ein Kursbuch. (11. Aufl. 2015) Heidelberg: Carl Auer.

Hellinger, Bert (2001). Gewissen und Seele. In Deutsche Gesellschaft für Systemaufstellungen gGmbH (Hrsg.): Praxis der Systemaufstellung, Heft 2/2001, S. 9 ff.

Hillmann, James (1998). Charakter und Bestimmung. A. d. Amerikanischen von Diane v. Weltzien. (2. Aufl.) München: Arkana, Wilhelm Goldmann Bertelsmann GmbH).

Levine, Peter A. (2011). Sprache ohne Worte. Wie unser Körper Trauma verarbeitet und uns in die innere Balance zurückführt (8. Aufl.) München: Kösel.

Nelles, Wilfried (2005). Die Hellingerkontroverse. Fakten, Hintergründe, Klarstellungen. Freiburg: Herder.

Nelles, Wilfried (2010). Das Leben hat keinen Rückwärtsgang. Die Evolution des Bewusstseins, spirituelles Wachstum und das Familienstellen. (2. Aufl.) Köln, Innenwelt.

Nelles, Wilfried (2012). Umarme dein Leben. Wie wir seelisch erwachsen werden. Köln: Innenwelt.

Nelles, Wilfried (2016). Alles ist Bewusstsein. Zur Psychologie der Gegenwart. Essays, Gespräche, Aphorismen. Köln: Innenwelt.

Nelles, Wilfried (2018). Das Leben geschieht. Wie Therapie und Spiritualität sich begegnen können. Eröffnungsband der Verlagsreihe „Edition Neue Psychologie", Köln: Innenwelt.

Nelles, Wilfried, Geßner, Thomas (2014). Die Sehnsucht des Lebens nach sich selbst. Der Lebensintegrationsprozess in der Praxis. Köln: Innenwelt.

Weber, Gunthard (1995). Zweierlei Glück. Die systemische Psychotherapie Bert Hellingers. (18. Aufl. 2017) Heidelberg: Carl Auer.

Lutherbibel (2016). Stuttgart: Deutsche Bibelgesellschaft.

Aus der Reihe **Edition Neue Psychologie**

Wilfried Nelles

Das Leben geschieht

Wie sich Therapie und Spiritualität begegnen können

Mit Porträts von Sabine Gnoth

160 Seiten, 4farbig

Klappenbroschur, Format: 16,0 x 19,0 cm

ISBN 978-3-942502-90-0

Wilfried Nelles | Thomas Geßner

Die Sehnsucht des Lebens nach sich selbst

Der Lebens-Integrations-Prozess in der Praxis

352 Seiten | Broschur

ISBN 978-3-942502-30-6